JN436806

아이들과 함께 떠나는

Trip & Pre-school NZ

다이어리

아이들과 함께 떠나는

Trip & Pre-school NZ

다이어리

초판 1쇄 인쇄 2012년 01월 20일
초판 1쇄 발행 2012년 01월 27일

지은이 | Youn
펴낸이 | 손형국
펴낸곳 | (주)에세이퍼블리싱
출판등록 | 2004. 12. 1(제2011-77호)
주소 | 153-786 서울시 금천구 가산동 371-28 우림라이온스밸리 C동 101호
홈페이지 | www.book.co.kr
전화번호 | 2026-5777
팩스 | (02)2026-5747

ISBN 978-89-6023-745-2 03810

아이들과 함께 떠나는

Trip & Pre-school NZ
다이어리

Youn 지음

ESSAY

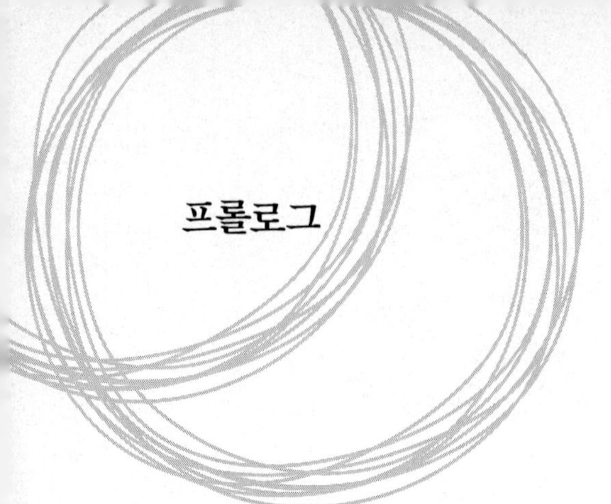

프롤로그

나는 30대 후반의 평범한 직딩 엄마이다.

다른 사람들과 같은 평범한 도화지 한 장을 가지고 있지만 내 삶의 도화지 위 색상은 내 마음대로 튀어 오르게 한다. 색상감 있게 움직이지 않을 때는 새로운 색을 시도해 본다. 색연필은 내 손에 있으니까.

스무 살 이후 여행을 하는 데 줄곧 솔로였던 나는 이번부터는 신입 멤버 두 딸들을 영입해서 한 팀을 꾸렸다. 어리지만 사리 판단을 잘하는 다섯 살 J와 아직은 제멋대로이지만 혼자서도 잘 걷는 두 살짜리 꼬마 C.

이번 긴 여정으로 꼬맹이 J와 C는 세상에 존재하는 수많은 것들을 스스로 보고 느끼며 비교할 수 있는 눈을, 엄마인 나는 한층 더 단단해지며 가슴에 진하게 남을 무언가를 얻어가는 중이다.

이렇게 새로운 멤버들과 시작한 우리들의 긴 여정은 남반구의 섬나라, 뉴질랜드 남섬과 북섬에 발 도장을 찍으며 약 2년 동안 계속되었고 우리들의 작은 발자국과 함께 만난 멀티 컬처(Multi-Culture) 이웃들, 그리고 높고 푸른 뉴질랜드 하늘 냄새를 기록으로 남긴다.

그러나 여기서 한 가지 더. 여행에는 항상 달콤함만이 있는 것은 절대 아니다.

크라이스트처치에서 만난 뜻하지 않은 2010년 9월의 7.1 강진, 그 뒤를 이어 수십 차례 요동치는 여진의 공포는 인간은 작은 생물 중 하나일 뿐, 자연의 법칙에서 혼자 잘난 척하는 우리들을 절대로 봐주지 않음을 제대로 알게 해주었다.

그러나 매우 감사했다. 아무도 다치지 않고 여정을 마무리할 수 있게 해 주어서.

하지만 설마 또 일어날까, 라고 생각했던 2011년 2월 지진에서는 많은 사상자를 냈고 아름다운 남섬의 크라이스트처치 본래 모습을 그대로 볼 수 없다고 생각하니 마음 한켠이 더 없이 허전하다. 지면을 빌려 2011년 2월 크라이스트처치 지진으로 희생된 모든 이들의 명복을 빈다.

그리고 나와 딸들을 지지해주는 파트너 H와 딸에게 항상 희망을 불어 넣어주시는 부모님과 가족들에게 감사 인사를 드린다.

한 발 한 발 앞으로 나아가며 우리들은 자연 앞에서는 더욱 겸손해지고 스스로에게는 더욱 강해졌다. 우리들의 탐험은 그렇게 시작되었다.

2012년 1월 by 직딩 엄마

7월의 어느 오후, 코로만델

【여행 떠난 엄마와 딸들 소개】

Youn : J&C의 Mum. 완전 초보 엄마. 살림과 육아는 허당

주특기 : 아직 모르겠음. 여전히 그게 뭔지 아직도 생각 중

좋아하는 것 : 여행, 운동, 커피

싫어하는 것 : 가만히 있기

좌우명 : Just Do It

J : 듬직한 첫째 딸(만 5세에 여행 시작). 혼자 조용히 노력하는 노력파 한번 했다 하면 끈질긴 끝장파

별명 : 골든 키위(Golden Kiwi)

주특기 : 몽키바(손바닥 절반 이상 심각하게 까지도록 열심히 매달림)

좋아하는 것 : 그림그리기, 책읽기

자주 하는 말 : 엄마, 그런데 이 길이 맞아요?

C : 둘째 딸(만 2.5세에 여행 시작). 통통한 외모에 애교쟁이 이것저것 관심도 많지만 싫증도 잘 냄

별명 : 핑키 펭귄(Pinky Penguin)

주특기 : 큰 소리로 노래 부르기, 거울 보고 혼자 웃기

좋아하는 것 : 프린세스 바비, 라푼젤

자주 하는 말 : Am I Pretty? 난 너무 Lucky해

Contents

Part 1

Life & Trip in NZ

소소한 일상과 여행 이야기 _ 11

Tīmatanga, 발걸음 떼다

NZ 드라이버 되기 작전

뉴질랜드 패밀리

렌트, 집을 사랑하는 집주인들

우리 아이들 키위 사회에 첫발 들이다 ①

우리 아이들 키위 사회에 첫발 들이다 ②

너희 엄마, 학교에 취직했니?

55개의 도서관. 바로 당신이 주인입니다

한국 슈퍼 맘 vs 뉴질 픽업 맘. 당신의 선택은?

당신을 신고하겠습니다

그래서 애들이 영어는 알아들어요?

뉴질랜드 마트 평정

핸섬 교복들의 섹시한 쉿~

NZ 엄마들의 운동 삼매경

대체 누가 신고한 거야?

Love You, NZ Coffee
TV 속의 NZ 너도 봐봐. Fun TV광고
자나 깨나 주유하자. 아찔한 기름 동냥 스토리
보물찾기 놀이. 세컨핸드숍
파티, 파티. Party Girl, J
잊을 수 없는 그날 새벽, 7.1 강진
굿바이 남섬. 북섬으로 고고씽
마침내 북섬에 발을 찍다
호텔 놀이, 노숙 패밀리

Part 2

Pre-School in NZ
뉴질랜드 유치원 이야기 _ 125

3개월부터 5세까지 다 모여
한국 유치원에서의 불편한 기억
뉴질랜드 유치원에서의 불편한 기억
하루 일과가 궁금해
유치원 교사 같지 않은 유치원 선생님
노란 버스 안 다녀요. 한국 유치원 vs 뉴질 유치원
늦으면 얄짤없어. 돈 더 내
긴급! 누가 길 잃은 스크러피를 보셨나요?
워러, 와터, 오와터
선생님은 왜 영어밖에 못해요?

내일은 파자마 입고 등원하세요
니네 선생님은 어느 나라에서 오셨니?
감옥에 보내버리겠어
엉덩이 붙이고 앉아
진짜 영어 유치원에서 배우는 마오리어
W가 아니라 M이라니까
마마, 마이 싹씨
I Love You 교생선생님
프리스쿨 초보 엄마를 위한 매니저 특강
이럴 땐 이렇게
Plus + : 프리스쿨러 맘(Pre Schooler Mum)들의 필수 사전 『자주 쓰는 용어』

Part 3

Mums in NZ

뉴질랜드에서 만난 엄마들 _ 205

뉴질랜드 키위 맘 : 『켈리와 카타나 & 딘』
이웃 나라 일본 맘 : 『미아상, 오하이요-』
군대 갔다 온 이스라엘 맘 : 『할리데이? 홀리데이?』
엔조이 싱가포르 맘 : 『나. 최강 동안 조이스』
열공 남아공 맘 : 『자녀 교육, 엄청 중요하지』
타이거 차이나 맘 : 『엄마는 강하다』

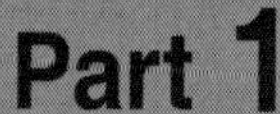

Part 1

Life & Trip in NZ

소소한 일상과 여행 이야기

tīmatanga,

발걸음 떼다 티마탕가~~(마오리어로 '시작' 이라는 뜻)

뉴질랜드까지 일본과 시드니를 두 번 경유하여 가는 길은 빡빡한 여정이었음에도 불구하고 발걸음은 가벼웠다. 처음에는 아이들 데리고 비행기를 두 번 갈아타는 여정이 만만치 않을 텐데, 하고 걱정도 하였지만 여행을 시작하는 그 발걸음은 제아무리 혹독한 비행 스케줄이라 하더라도 여행에 설레는 마음만으로 귀찮은 모든 것들을 단번에 녹여 버린다.

아이들이 지치지 않도록 항공사 홈페이지를 통하여 탑승 전 아이들을 위한 각종 키즈 서비스(메뉴 및 기타 필요한 것)를 미리 신청하였고 경유하는 각 공항에서 대기 시간에 아이들이 잠시라도 놀 수 있는 유아용 놀이방의 위치를 공항 홈페이지를 통하여 확인해 두었다. 출국 심사대를 통과한 순간 한국인과 외국인이 섞여 바삐 움직이는 모습과 비행기 탑승, 승객을 찾는 한국어, 영어, 중국어 방송 소리만으로도 아이들은 매우 즐거워하였다.

마침내 이륙하는 비행기. 바퀴를 세게 굴리며 하늘에 딱 뜨는 순간. 아이들은 이륙하는 그 순간 소리 죽여 눈을 동그랗게 뜨고 좋아하는데 나는 정신이 번쩍 들었다.

엄마 Job, 이제부터 진짜 시작이다. 내가 과연 잘할 수 있을까?

도쿄와 시드니를 거쳐 마침내 도착한 뉴질랜드 남섬의 제 1도시 크라이스트처치.

친절하긴 했지만 깐깐하게 내 짐을 다 풀고 요목조목 살피는 입국 심사대를 통과하여 공항을 나오자 뉴질랜드 특유의 바람과 하늘 냄새(내가 이렇게 말하면 아이들이 놀란다. '엄마, 하늘도 바람도 냄새가 나요?)가 난다. 약간은 더운 바람 그러나 확 뚫린 그 느낌은 지금도 잊을 수가 없다. 시내로 이동하여 짐을 모텔에 풀고 그때부터 나의 고생 아닌 즐거운 고생길은 뭐 생각할 틈도 없이 딱 한마디 말과 함께 시작되었다.

C : "엄마. 배고파요. 밥 주세요."

살짝 당황한 나 : "어? 밥? 아까 비행기 안에서 맛있는 거 먹었잖아. 기억 안 나?"

(하늘 바라보며 감탄하는 이 와중에 밥 타령이라니.)

C : (고개를 저으며) "몰라요. 배고파요."

살짝 당황한 나 : "넌 너무 잘 먹어서 탈이야. J, 너는? 너도 배고파?"

J : (엄마 눈치 보며 고개만 살짝 끄덕)

여전히 당황한 나 : "아니, 너희들 오는 길에도 계속 먹었잖아. 비행기 안에서 승무원들이 주는 식사랑 간식에 근데 …… 아니…… 왜……."

갑자기 머릿속이 복잡해졌다. '밥'이라……. 당장 뭐부터 해 줘야 하나. 아, 너무 고민된다.

그날 우리는 모텔에서 가장 가까운 슈퍼를 찾아 헤매다가 걸어서 30분 거리의 슈퍼를 발견하고 식빵과 2리터 우유, 잼, 사과를 사들고 와서 배 터지게 먹었다.

저녁거리를 사러 나가더니 양손에 들고 온 빵과 우유를 본 모텔 주인아저씨는 내 속도 모르고 한마디 거든다.

"얘들아, 맛있니? (나를 보며) 다행이에요. 애들이 아직 어려서 뭘 모르는 게. 빵이랑 잼으로 입막음이 되니."

'참 나 아저씨. 저 이것도 지금 힘들거든요? 그렇게 걱정되시면 무료 저녁 쿠폰이라도 주시든지요. 그럴 것도 아니면서 괜한 참견만 하시고

……'

이렇게 말하고 싶었지만 차마 말은 못하고 어색한 미소만 지으며 얼른 방으로 들어와 버렸다. 엄마 역할이 밥과 함께하는 것은 어디를 가나 똑같은가 보다. 앞으로가 걱정이 된다. 영어보다도 여행보다도 아이들 밥 차려줄 것을 걱정하는 나.

그래도 우리는 그날 저녁에 사 온 식빵과 잼, 우유를 다음 날 점심까지 꿋꿋하게 먹으며 즐겁게 첫걸음을 떼었다.

크라이스트처치에서 머무는 내내 우리가 처음 들어간 그 가게는 멀리서 간판만 보아도 뉴질랜드 첫날이 파노라마처럼 펼쳐지는 잊지 못할 추억의 장소가 되었다.

NZ 드라이버 되기 작전

여행을 할 때에 그 도시에 며칠 이상 묵으며 돌아볼 여유가 있다면 내가 택한 여행 방법은 거의 일정한 순서가 있다. 우선 여행 책자에 나오는 가장 큰 곳, 도시의 랜드마크(Land Mark)를 가본다. 대부분 접근하기 쉽거나 교통편이 용이하므로 아이들과 함께 여행을 할 때에도 찾아 가기가 그리 어렵진 않다. 다만 입장료가 많이 비싸거나 규모가 제법 큰 곳은 당장 입장하여 둘러보지 않고 입구까지만 가고 일단 그 주변을 익힌다. 근처에 무엇이 있는지 사람들이 많이 앉아서 커피를 마시는 카페가 어느 카페인지 아이들과 부담 없이 브런치(Brunch)를 할 수 있는 집이 어느 집인지 목적지 주변을 천천히 둘러보고 그다음에 할 수 있는 것이 무엇인지 등을 머릿속에 정리한다.

그 이유는 여행을 할 때 가이드북에 나와 있는 박물관이나 유명 관광지만을 본 채 서둘러 다음 장소로 향하는 것이 아니라 보고 난 후의 여운을 더욱 진하게 즐기기 때문이다. 여운을 즐기는 장소가 바로 옆 조그만 카페든 공원 벤치든 그 장소까지 미리 물색을 한 다음에 본격적으로 둘러보기 시작한다. 일종의 스케치 작업이다. 그리고 밖에서 한 번 슬쩍 보고 가기만 했어도 다시 그곳에 갔을 때는 처음 왔을 때보다 더욱 여유 있는 마음으로 즐기게 된다. 가이드북을 들고 쫓기듯 다니는 여행객이 아니라 동네 사람들이 자기 고장을 즐기듯 편안한 모습의 릴렉스 여행.

또한 가이드북에 유명 관광지가 아무리 많이 나와 있다 하더라도 아이들의 눈높이에 맞추어 꼭 가야 할 곳과 그렇지 않은 곳을 선별하고 좀 더 여유 있는 '엄마표'로 재구성한다.

또 한 가지는 원 데이(One Day) 버스표 최대한 이용하기. 일정 금액을 내면 하루 종일 탈 수 있는 시내 또는 시외 버스표를 구입하여 도시의 동선을 파악한 뒤 버스를 타고 되도록 끝에서 끝까지 가 본 뒤 다음 일정을 정한다. 물론 이 일정은 지역이 너무 광범위하거나 외딴 곳 혹은 시간이 촉박한 여행자에게는 부적합하지만 특별히 볼 것이 없는 도시나 비교적 시간 여유가 있는 여행자에게는 권하고 싶은 방법이다. 반대 방향으로 가더라도 걱정 없이 아무 곳에서 내려서 다시 타면 되니까. 무제한으로 탈 수 있는 일일 버스표 여행의 묘미다.

버스에서 내려 발견한 작고 소박한 카페, 한적한 공원, 버스 안에서 만난 이방인과의 대화는 그 어떤 여행 책에도 없는 나만의 여행이다.

우리도 버스 여행으로 도시를 탐방하기 시작했다. 처음 도착한 크라이스트처치에서는 일주일 동안 무작정 버스만 타고 다녔다. 하루 종일 탈 수 있는 원 데이 티켓도 이용하고 좀 피곤한 날은 2시간짜리 표(2시간 안에 돌아오는 버스를 타면 돌아오는 것은 무료)도 적극 활용했다.

반대 방향으로 가기도 여러 번, 그냥 있으면 목적지에 도착하겠지 하고 앉아 있다가 허둥지둥 내리기도 여러 번, 게다가 버스만 타면 처음에는 신이 났다가 곧 잠들어 버리는 아이들 때문에 작은아이는 업고 큰아이는 손을 질질 끌고 드라이버에게 '쏘리, 홀던 플리즈'를 연발하며 내리기도 한두 번이 아니었다. 버스 여행을 시작한 일주일 동안 난 정확히 체중이 2kg 내려갔다. 이런 걸 버스 여행 다이어트라고 해야 하나?

일주일이 지나자 그제야 방향감각이 생기고 여러 번 본 건물들이 눈에 들어 왔다. 이렇게 열흘이 지났을까, 비로소 운전을 해보고 싶다는 생각이 들기 시작했다. 한국에서 발급받은 국제운전면허증으로는 1년까지 운전할 수 있고 그 이상 체류하려면 현지에서 면허 시험을 치러 뉴질랜드 국내 면허를 따야 한다.

그리고 마침내 만난 우리의 발이 되어줄 차는 뒷좌석을 접으면 다

리를 펴고 누울 수 있는 스테이션왜건(Station Wagon)스타일의 중고차였다. 뒤 공간도 넉넉해서 짐도 많이 실을 수 있다. 단점이라면 언덕을 올라갈 때 힘이 좀 약하긴 한데 그래도 전반적으로 합격점이다. 우리나라에서는 잘 타지 않는 15년 이상 된 차이긴 하지만 관리를 잘해서인지 아직 꽤 쓸 만했다.

버스 여행도 좋지만 차가 없으면 구석구석 마음껏 돌아다니지는 못한다. 우리처럼 남·북섬을 부지런히 돌아보려면 차량은 필수이다. 그런데 여행보다도 더 걱정인 것은 운전이었다. 장거리 운전을 워낙 싫어하는데다가 방향감각은 완전 제로였다. 한국에서 내비게이션이 없었을 때는 출장 가는 길 중간 중간에 차를 세워 놓고 남편에게 전화를 하여 길을 물으며 다녔었다.

게다가 한국과 다른 운전 방향에 오른쪽에 있는 운전석이 무척 어색하긴 했지만 운전해 줄 사람이 없으므로 좋든 싫든 빨리 극복해야 했다. 나는 운전대에 '좌측'이라고 크게 써서 포스트잇으로 붙여 놓고 운전하기 전 항상 심호흡을 했다.

길 찾기도 만만치 않았다. 한국에서는 내비게이션이 일러주는 대로 달리다가 여기 와서 처음 보는 지도를 살피랴, 거리의 이름을 보랴, 처음 보는 우회전 신호와 공포의 라운드 어바웃(Round About, 라운드처럼 생긴 곳을 돌아 빠져나가는 시스템. 이젠 아무렇지도 않게 가지만 여기서 처음 운전해보는 사람은 안다. 대체 어디서 나가야 하는지 그 당황스러움을) 등 나를 주눅 들게 하는 것이 한둘이 아니었다.

그러면 나와 항상 함께한 우리 아이들은? 운전할 때면 초긴장 상태인 엄마에게 자기들은 뒷자리에 편하게 앉아서 이것저것 끊임없이 요구한다.

"마미! 맥도널드!"

이번에는 앞만 보고 운전하는 나에게 보란 듯이 손가락질을 하며 맥도널드 좀 보란다. 뉴질랜드에 유난히 많은 맥도널드. 그러다 보니 C가 가장 먼저 익힌 알파벳은 옐로우 빅 M. 길만 나오면 자꾸 M이 보이니 반복학습의 효과이다. 그런데 맥도널드고 뭐고 나는 앞만 보고 가기도 바쁘다.

이렇게 초긴장 상태로 시내 주행 최고 속도인 50km에서 한참 못 미치는 30km로 달리고 있을 때 들리는 J의 차분한 목소리.

"근데, 엄마. 아까부터 우리 계속 같은 길을 왔다 갔다 하는 것 같아요. 아까 본 게 계속 나와요."

아, 그랬다. 난 라운드 어바웃에서 3시 방향 우회전을 과감히 못하고 계속 직선으로 갔다가 라운드 어바웃이 보이면 또 한 바퀴 빙글 돌기만 하고 왔던 길로 돌아왔다. 그곳을 벗어나지 못하고 혼자 빙글빙글 돌고 있었다. 그것도 회전목마 속도로. 뒤에 오는 차들이 어떻든 아랑곳하지 않고 본의 아니게 빙글빙글 돌기 놀이를 하고 있었던 것이다.

"아, 그렇구나. 음, 애들아. 엄마는 돌기 연습 중이야. 요거 끝나면 저기서 맛있는 거 사 줄게. 조금만 참아."

언제나 마무리는 '맛있는 거 사줄게'이다.

위기 모면 엄마들의 영원한 한마디, '맛있는 거 사 줄게' 이 말이 없었다면 나는 뭐라고 아이들을 진정시켰을까? 새로운 위기 모면 멘트를 찾아야 하는데 나는 아직도 이 말을 하고 있다.

뉴질랜드 패밀리

뉴질랜드에서 가장 좋았던 점을 꼽으라면 그것은 탄성을 자아내는 축복받은 자연경관도, 아이들이 자연스럽게 익힌 영어도, 아무 데서나 시켜도 나를 만족하게 해주는 커피도 아니다. 베스트 오브 베스트(Best of Best)는 바로 NZ 패밀리. 나는 주저하지 않고 말할 수 있다.

"우리는 정말 lucky했어요. 좋은 사람들이 이웃이라서."

하늘에서 뚝 내려준 사람들처럼 우리들의 대장정에 앞에서 옆에서 뒤에서 끌어 준 사람들. 돌아서는 섭섭함에 눈물 보이지 않으려고 애써 웃으며 공항에서 배웅해 준 NZ 패밀리들. 우리의 북섬 체류 기간 동안에도 끊임없는 이메일과 휴대폰 문자 그리고 자전거 탄 우편배달부가 놓고 간 정감 있는 카드로 우리를 격려해 준 고마운 사람들. 입에서 자동으로 나오는 'Thank You'가 아니라 가슴에서 따뜻한 기운과 함께 진정한 'Thank You'가 무엇인지 알게 해 준 그들. 지금 이 순간에도 정말 그립고 보고 싶다.

기대하지 않은 첫 만남. 활짝 열어 놓은 문으로 그들이 들어왔다. 활짝 열어놓은 문은 긴 여정을 시작하는 나의 마음의 문임을 그들이 진작 알았을까?

렌트한 집으로 들어오는 첫날, 자그마한 나무 현관문을 열어 놓고 들락날락 먼지를 털면서 모텔에서 드디어 탈출하여 렌트(Rent)를 얻었다는 사실만으로도 우리는 즐거워하고 있었다.

게다가 아파트 철문과 엘리베이터에 익숙한 우리들에게 나무 현관문 하나만 열면 바로 진짜 땅에 닿을 수 있다는 것을 신기해하는 아이들은 문 앞에서 이리 저리 뛰어다니며 연신 즐거워했다.

초보 엄마와 재잘거리는 두 딸의 유치한 대화 속으로 체격이 좀 있는 전형적인 뉴질랜드 레이디가 열린 문틈으로 안을 들여다보며 말을 했다.

"이사 왔어요? 난 크리스틴이에요. 옆집 살아요. 여긴 앨런."

그녀의 뒤에 부인인 크리스틴보다 키도 작고 마른 체구의 남편 앨런이 수줍은 듯이 얼굴을 살짝 내밀고 강한 섬 악센트(Accent)로 인사를 한다.

우리 부모님 또래인 앨런과 크리스틴은 크라이스트처치 토박이로 인근에 사는 세 자매와 마당의 가드닝, 그리고 손자손녀를 보며 함께 시간을 보내는 전형적인 뉴질랜드 사람들이다. 무뚝뚝해 보이지만 따뜻한 카리스마를 지닌 크리스틴, 그리고 딱 보면 선함이 가득 묻어 나오는 그녀의 남편 앨런에게 J와 C는 첫 만남 그날부터 그대로 다가가 안겨 버렸다. 크리스틴 집은 우리 집 앞을 통과해야 지나갈 수 있는 번지수 A, B이므로 이날부터 우리는 매일 얼굴을 보는 담장 너머의 이웃사촌이 되었고 아이들은 마음 내킬 때마다 맨발로 그 집으로 뛰어가 마당에 있는 그네를 타며 깔깔거렸다.

크리스틴과 앨런이 없었더라면 나는 신고도 안 하고 전기를 썼다며 협박조 비슷하게 날라 온 전기회사 독촉장을 받고 어찌할 바를 몰랐을 것이며 더운물 히터의 스위치를 못 찾아 찬물로 샤워하며 집 안의 이 버튼 저 버튼을 누르며 실험을 했을 것이 분명했다. 무성히 자라고 있는 가든을 보며 언제 풀을 잘라야 하는지, 잡초는 어떤 것이고, 내가 가꾸어야 하는 풀과 나무는 어느 것인지 무척 고민했을 것이다.

그뿐이 아니다. 2주간 계속되는 비에 괜히 마음이 울적할 때면 그녀의 집에서 따끈한 우유 가득 넣은 티를 마시며 집 생각 다 잊고 TV를 함께 보았고, 아이들은 바닥에 앉아 크리스틴이 어렸을 때부터 가지고 놀았던 역사 깊은 퍼즐을 하며 나른한 일요일을 보냈다. 장난꾸러기 C

는 안 그래도 바싹 마른 앨런을 붙잡고 매달리고 올라타며 애정 표현을 했고 J는 생전 처음 만들어 보는 엄마의 어설픈 한국 요리가 나올 때마다 손바닥만 한 접시와 컵에 담아 자랑스럽게 앨런에게 배달했다.

1년이 후루룩 지나가고 크라이스트처치를 떠나는 그날.

떠나는 마음이 슬퍼 전날 밤의 인사로 대신하고 나가려는 우리들의 모습을 한 번 더 보려 NZ 패밀리들은 공항 국제선 길목에 서서 기다리고 있었다. 우린 모두들 누군가 한 마디만 더 하면 눈물이 나올 것 같은 코끝이 찡함을 애써 참으며 금방 다시 만날 것처럼 뜨거운 포옹을 하고 헤어졌다.

앨런과 크리스틴. 그리고 그들의 딸들 켈리, 재스민, 줄리와 손자 손녀인 카타나, 잭슨, 케티케어, 댄. 그들 특유의 뉴질랜드 남섬 악센트와 함께한 풍요로운 기억을 마음속 유리병에 고이 담아 비행기에 함께 올랐다.

행복과 즐거움은 특별한 곳에 있는 것이 아니었다. 그냥 하루 가벼운 마음으로 보내고 아무 일 없이 편안히 잠자리에 들 수 있을 때 그런 것이 행복임을 왜 난 진작 몰랐을까.

렌트, 집을 사랑하는 집주인들

많은 나라들이 그렇지만 뉴질랜드도 집을 빌리는데 우리나라와 같은 전세의 개념이 아닌 월세다. 아니 주(week)별로 정확히 계산하여 주세로 낸다. 한 번 목돈을 맡기고 잊어버리고 살다가 이사 갈 때 찾아 나오는 한국의 전세 시스템에 익숙한 우리들에게 주당 렌트비는 외국 생활을 시작한 날부터 가장 큰 지출이 되었다. 요즘 한국도 전세대란에 반 전세, 월세가 보통이라니까 이젠 점점 익숙해질 것 같다.

비싼 렌트비뿐 아니라 한국으로부터 그때그때 송금을 받아 생활을 해야 한다면 환율의 변동도 신경이 쓰인다. 더욱이 요즘 뉴질랜드 환율이 많이 올라서 미국이나 캐나다 갈 돈을 아끼려고 뉴질랜드를 택한다는 말은 옛말이다.

최근에 뉴질랜드 달러가 미국 달러를 넘어선 적도 있었다. 그런데 이런 렌트비도 문제이지만 집이 좀 괜찮다 싶은 곳은 세입자의 경쟁률도 만만치 않아서 집을 구하려면 세입자가 집주인의 마음에 들어야 집을 얻을 수 있다.

집을 구하는 절차는 대개 렌트하기를 희망하는 사람(Tenant)이 신청서(Application)를 쓰고 부동산(Agent)에 제출하면 에이전트에서 집주인에게 전달하고 그들의 결정을 거쳐 마침내 세입자로 결정된다. 물론 가격 대비하여 지나치게 허름한 곳이나 외딴 곳 등 비인기 지역은 세입자를 기다리는 경우도 있긴 하다. 입주가 결정되면 계약서를 쓰고 보증금(Bond, 파손된 곳 등을 대비하여 집세의 3~4주에 해당하는 금액을 미리 내고 문제가 없으면 나갈 때 돌려줌)과 집세를 선불로 내고 입주하게 된다.

그러나 입주했다고 끝난 것이 아니다. 3개월 혹은 6개월마다 인스펙션(Inspection)이라는 일종의 중간 검사를 받으며 집을 깨끗하게 사용하고 있는지, 사는 데 시설 면에 문제는 없는지 상호 점검하며 문제가 있을 경우 에이전트에서 사람을 보내어 고쳐주기도 한다. 경우에 따라 관리하는 에이전트를 두지 않고 집주인이 직접 광고하고 집을 관리하여 세입자가 괜찮다 싶으면 아예 인스펙션을 안 하는 경우도 있고 반대로 은근히 참견하고 잔소리를 하는 집주인도 있다. 그건 사람에 따라 다르다. 그래서 점잖고 사람 좋은 집주인을 만나는 것도 중요하다. 우리 집의 집주인, 크리스는 한눈에도 점잖아 보이는 중년 아저씨였다.

이사 후 2개월이 좀 지났을까 인스펙션 온다는 편지와 함께 통보된 그날 에이전트 레이디와 오전 10시에 정확히 방문했다. 말이 너무 빠르지도 느리지도 않고 악센트가 심하지도 않은 그의 직업은 고등학교 프랑스어 교사. 부인인 캐서린은 종합병원 수술실 간호사란다. 중후한 말투로 손을 내밀며 자기소개를 먼저 한 후 집에 대한 이야기를 꺼내기 전에 우리들의 뉴질랜드 생활이 어떤지 이것저것 물었다. 자기도 프랑스에서 아이들을 데리고 1년간 생활한 적이 있는데 남의 나라에서 지낸다는 것은 남이 보기에는 낭만적이지만 실제로 살다 보면 이런 저런 불편함도 생기고 기대한 만큼 실망하는 경우도 있다며 아무쪼록 잘 지내다가 돌아가라는 조언도 잊지 않았다.

어떤 사람일까 살짝 걱정했는데 좋은 사람인 것 같아서 안심이 되었다. 그들에게 내가 2개월간 살아보면서 발견한 집에 대한 이런저런 부분을 메모와 함께 카메라로 찍어둔 것을 보여주었더니 부동산 레이디와 함께 'Perfect'를 연발했다. 테넌트가 외국인이고 뉴질랜드에는 처음이라 집 관리를 어떻게 하고 있는지 고민했던 것 같은데 메모와 사진을 보더니 우리가 사는 동안은 집 관리 걱정을 안 해도 되겠다며 고마워했다.

대학 시절 호주에서 지내면서 방 세 개짜리 이층집을 렌트해서 일본 친구들과 살며 렌트와 부동산 관리 시스템에 대해 몇 번 시행착오를 겪었던 경험이 이번에 많은 도움이 되었다. 집에 대한 지식도 없고 설명하기가 어려울 때는 사진으로 보여주는 것이 가장 쉬운 방법이므로 입주하면서 당시 미처 발견하지 못한 파손된 부분이나 하물며 먼저 살던 사람의 작은 못 자국 등 사소한 부분이라도 카메라로 미리 찍어놓아야 계약 기간 후 이사 갈 때 집주인과의 불필요한 논쟁을 없애고 처음 맡긴 본드비를 다 찾아 나갈 수 있다.

함께 이곳저곳 집 안을 둘러보고 집 앞에 깨진 드라이브 웨이(Drive way)는 사람을 불러 보수해 주기로 하였고 계약서 사인이 일 년 전의 연도로 잘못된 것도 서로 사인하고 수정하였다.(정말 중요한 부분인데 첫날 나도 그들도 알아채지 못했다)

다른 불편함에 대하여 묻길래 집이 전체적으로 춥다고 했더니 의외의 대답이 나왔다. 가까운 시일 내에 지금 되어 있는 블라인드 이외에 창문에 바람막이용 커튼을 달아주겠단다. 오호, 이런. 기대도 안 하고 그냥 한 말인데 아무튼 잘되었다 싶었다. 그런데 그 말 한마디가 얼마나 번거로움을 불러 오게 되었는지 나중에 알게 되었다.

그들의 첫 방문 이후 3주쯤 지났을까, 외출했다 들어오니 집 앞에 작은 메모가 붙어 있었다. 꼼꼼한 글씨로 부동산 사무실로 매주 이체했던 렌트비를 다음 주부터는 집주인 자신의 통장으로 직접 넣어 달라는 내용이었다. 내용인즉, 처음 세입자를 구할 때는 어떤 사람인지 몰라 부동산에 의뢰했는데 만나 보니 집세도 밀리지 않을 것 같고 깨끗하게 집을 써 줄 것 같아서 이제부터는 부동산 회사 없이 자신들이 직접 집을 관리하겠다고 했다. 좋든 싫든 집주인의 통보를 따라야 했고 내 입장에서는 송금번호만 한 번 바꾸면 되니 그리 번거로운 일은 아니었다. 그러나 예상하지 못한 번거로운 일이 조금씩 일어났다. 집주인 크리스에게 직접 송금을 하게 되고 연락이 잦아지면서 적어도 한 달에 한 번 보통 2주에 한 번씩 크리스와 그의 가족들을 만나게 되었다.

화창한 토요일에는 지붕에 부분 보수가 필요하다며 사다리와 장비를 가지고 방문했고 내가 가드닝에 대해서는 완전 초보인 것을 알아챈 부부는 일요일 어느 아침 잡초 살충제와 장갑 등 가드닝 도구를 가지고 우리 몰래 집 앞의 손바닥만 한 잔디의 가드닝을 손보다 창문 근처에서 놀던 둘째 C의 눈에 띄고 말았다. 지난번에 왔을 때 보니 캐서린이 애써 심어 놓은 풀이 'sad'해 보여서 뿌리를 캐보니 거의 다 죽어 가고 있었단다. 나에게 알리지 않고 조용히 일을 해결하고 가려고 했는데 그만 C의 눈에 띄었다며 미안해했다.

집주인 부부는 독실한 기독교 신자였다. 결혼한 지 20년 된 부부는 우리가 입주하기 3주 전 마침 급매물로 나온 이 집을 샀고 허름한 이 집을 부부가 직접 손보아 렌트를 줄 수 있었다는 것이다. 자신들이 지금 사는 집 이외에 처음 장만한 집이라 애착이 무척 많다고 했다. 그제야 크리스가 왜 그리 자주 방문하고 집에 대해서 처음 온 사람처럼 시시콜콜 작은 질문들을 했었는지 이해가 갔다.

그 후로 몇 주가 지나 지난번 약속한 커튼 달기를 할 차례였다. 역시나 전문 커튼 업자가 오지 않고 크리스와 그의 아들 숀이 직접 집을 방문하여 모든 창문의 치수를 측정해 갔다. 전문가가 아닌지라 저녁 시간을 이용하여 두 번 방문했다.

다음은 본격적으로 커튼을 달 차례. 달기 전부터 여러 번 약속을 하고 시간이 좀 걸릴 것 같다며 토요일 시간을 내주면 좋겠단다. 토요일엔 집에 거의 없는데 어쩌겠는가. 커튼을 달아 준다는데 말이다. 실내 난방 시스템이 따로 있는 것이 아니라서 화창한 늦가을이라도 아침 저녁은 제법 쌀쌀하다. 더욱이 커튼 없이 블라인드로 햇볕 차단만 가능했던 우리들에게 커튼은 아주 반가운 존재다.

그리고 방문하기로 약속한 그날. 두 대의 차에 나누어 타고 커튼 도구를 들고 온 그의 가족들을 보고 흠칫 놀라지 않을 수 없었다. 크리스와 부인 캐서린, 그리고 딸과 아들. 목걸이를 한 커다란 개 두 마리와 DIY 커튼 도구, 벽을 뚫을 연장 박스를 보고 보통 작업이 아님을 직감했다. 아, 치수 재는 데도 이틀에 걸쳐 재고 그것도 모자라 전화로 여러 번 확인했었는데 완제품 커튼을 들고 와 걸기만 하면 된다고 생각했던 내가 너무나 한심했다. 상황을 파악한 나는 한 시간 후 아이들과 나갈 계획을 머릿속에서 바로 지웠다.

그리고 그때부터 온 가족이 매달려 작업을 시작했다. 여자들은 커튼 봉을 하나씩 조립하고 커튼 윗부분에 핀을 연결하는 작업을, 남자들은 벽을 뚫는 작업을 시작했다. 옆집 크리스틴과 앨런까지 인사하려다 들여다보고 그냥 가지 못하고 합세하여 커튼 달기 작업에 몰두했다. 그리고 나는 여기저기서 요구하는 사소한 물음에 대답하랴, 그들이 요구하는 가위, 의자, 줄자 등을 찾으러 다니랴, 바빠지기 시작했다. 게다가 얼른 끝났으면 하는 내 속을 아는지 모르는지 캐서린과 크리스틴은 여름휴가 다녀온 이야기며 사돈의 팔촌까지 온갖 소소한 이야기를 하며 커튼 핀 부착 작업은 슬로우 슬로우 모션이었다.

10시부터 시작했던 작업은 어느덧 2시를 넘어서고 간단히 준비한 차와 쿠키는 동이 났다. 한국 같으면 아쉬운 대로 분식이라도 배달시켰을 텐데 그런 건 당연히 없고 이 상황을 어떻게 해야 하나 고민하고 있을 때 나를 구해 준 그것. 바로 '일요일엔 짜파게티 요리사' 오래 전의 TV 광고가 머릿속을 스쳐 지나갔다. 비상식량으로 사 둔 짜파게티가 어찌나 고맙던지. 바로 5분 안에 후다닥 만들기 시작했다.

그릇도 많지 않아서 아이들 만들기 놀이할 때 썼던 1달러 숍에서 파는 알록달록 종이컵에 알맞게 익은 짜파게티 조금씩을 넣고 포크를 꽂아 음료는 녹차 티백을 풀어서 따끈한 녹차로 대신했다. 처음 먹어보는 인스턴트 짜장면 '블랙누들'에 모두들 나이스를 연발하며 바닥, 의자, 아무 곳에나 자리를 잡고 포크에 둘둘 말아 입 속에 쏙쏙 넣었다. 아, 다행이다. 그들 입에 들어가는 짜파게티와 녹차를 보며 뿌듯함이 밀려오는 순간이었다.

분위기 좋은 짜파게티 타임을 가진 후 모두들 더욱 서둘러 커튼 작업에 몰두했다. 시간은 어느덧 5시를 넘어섰지만 우리 초보 작업자들은 이제 겨우 거실 커튼만을 달았을 뿐이었다. 바닥에는 아직도 커튼 DIY 도구들이 널려져 있고 나는 이제 진짜 저녁을 준비해야 하나, 또 고민하기 시작했다. 이때 나를 구해준 캐서린의 한마디.

"All right, everybody. Part two is the next time."

그녀의 입에서 나온 'next time'이 왜 이리 반가웠는지.

그녀의 한마디에 모두들 작업하는 손을 내려놓고 기지개를 폈다. 사용하던 모든 것들은 우리 집 작은 방 한구석에 쌓아 두고 다음을 기약했다. 마지막 인사 후에도 차에 타는 데만 20여 분, 또 이런저런 소소한 이야기로 마지막을 장식하고 그들은 모두 돌아갔다. 온갖 먼지와 카펫에 묻은 신발의 흙을 청소기로 돌리고 앉으니 해가 지려 한다. 반나절 꼬박 걸려 거실 창 하나만 달았는데 피곤이 밀려왔다.

나른함과 안도의 한숨도 잠시 갑자기 머리가 아파져 왔다. ' part two에는 무슨 간식을 마련해야 하는 거야? 짜파게티 대신 라면을 끓여봐? 아냐, 아냐. 그건 너무 심플하고 맛있으면서도 간단한, 아, 뭐가 있을까.' 그날 밤 괜히 인터넷을 뒤적거리며 언제 시작할지도 모를 다음 작업 간식을 고민하다 잠들었다.

그리고 그 이후 크리스와 나는 서로 어긋나는 주말 일정에 커튼 스케줄 약속을 잡았다 취소하기를 여러 번 반복하다 그 집을 나올 때까지 끝내 방 안의 커튼들은 달지 못했다. 커튼 도구들은 우리가 그 집을 나올 때까지 거실 한쪽에 자리 잡고 있었고 나는 집을 비우면서 다음 세입자에게 친절히 넘겨주고 왔다. 새로운 세입자들도 보통 인내심 없이 그것 모두를 달기는 힘들 텐데 괜히 내가 다 걱정이 되었다.

비록 우리 집이 아닌 주세로 돈 내는 남의 집이었지만 우리의 뉴질랜드 첫 집, 그곳에서 우리는 매우 행복했었다. 오늘은 마트 한쪽에 놓인 물 건너 온 제스프리 키위를 보니 그곳의 모든 것들이 머릿속을 스치며 지나갔다.

이른 아침, 마당 앞에 지렁이를 찾으러 모여든 이름 모를 새떼들과 아이들과 심었던 가느다란 블랙베리 아기 나무도 좀 컸는지 보고 싶다. 중국마트에서 사 와 마당 구석에 심고 종종 가위로 잘라 먹었던 초록색 파는 새로 온 세입자들이 그냥 잡초로 알고 뭍어 버리지는 않았을는지…….

우리 아이들 키위 사회에 첫발 들이다 I 

처음 도착한 날부터 우리는 여기저기 쏘다녔다. 나갈 때는 종일 다닐 수 있는 가벼운 옷차림에 운동화를 신었다. 자외선 지수가 어마어마한 나라이다 보니 선크림으로 일차 무장을 하고 챙이 넓은 모자, 물, 그리고 입에 쏙 들어가도록 자른 과일을 넣은 플라스틱 통을 가방에 넣고 지도를 폈다.

도착 첫 주는 눈만 뜨면 밥 먹고 바로 신발을 신었다. 처음 보는 광경에 탄성을 지르며 엄마 손을 잡고 빠른 걸음으로 총총거렸던 아이들도 2주째 오후가 되니 슬슬 지쳐 했다. 그도 그럴 것이 버스만 타면 잠들지 말라고 애걸하는 엄마 잔소리에 눈을 부릅뜨고 잠들지 않으려 노력하는 J, 길거리에서 파는 초콜릿 퍼지(Fudge)는 눈으로 즐기게 하고 그냥 돌아서는 엄마가 야속한 C, 그리고 하루 종일 아이들과 있으니 그동안 미처 몰랐던 우리 아이들의 진정한 모습(그동안 퇴근한 엄마에게 보여주던 단정한 모습과는 정말 많이 다른 얄밉고도 예쁜 진정한 떼쟁이들)을 알아 가며 이젠 봐주지 않고 바로 잔소리 직격탄을 날리는 나. 친한 친구 사이도 함께 여행하다 보면 그간 알지 못했던 서로의 원래 모습에 우정에 금이 가는 경우가 허다하지 않은가. 이 법칙은 어린 딸들과 초보 엄마에게도 여지없이 적용되었다.

새로운 것에 그저 행복하기만 했던 1주, 그리고 살짝 지쳐가는 2주가 넘어가자 꼭 붙어 다니던 우리 셋은 적당히 떨어져 이제 슬슬 각자의 생활을 할 시점임을 깨달았다. 아이의 첫 사회생활이 될 프리스쿨(Pre-School)을 찾기는 그리 어렵지 않았다. 커뮤니티 센터에서 운영하는 시설부터 개인이 운영하는 아담한 유치원, 혹은 프랜차이즈까지 선택의 폭은 예상보다 다양했다.(한국 지인들과 통화하면서 아이가 프리스쿨 다닌다 했더니 Free로 생각하시고 공짜로 애들도 봐 준다니 얼마나 좋으냐고 했던 분들도 많으시다. 에고고고, Free가 아니라 Pre인데요, 할 수도 없고. 아무튼 패스)

그러나 가격 대비하여 시설이 괜찮은 곳은 당연히 자리가 없거나 대기자 명단에 올렸다가 한참 뒤 빈자리가 있다는 연락이 오면 그때부터 나갈 수 있다. 또 대부분은 만약 아이의 적응을 위하여 처음부터 매일 오게 하지 않고 주 2~3회 오전 등 일종의 적응 기간을 거친 후 아이도 적응하고 빈자리가 나면 월요일부터 금요일 풀타임으로 다닌다. 프리스쿨이 마음에 안 들 경우 다른 곳으로 옮겨도 되긴 하지만 아이의 적응기를 힘들게 거친 후 옮기려면 무척 번거로우므로 처음 결정할 때 신중하게 살펴보아야 한다.

우선 버스를 타고 다닐 때 꼭 우리 동네가 아니더라도 지나가다가 프리스쿨이 있으면 들어가서 매니저를 만나 시설을 살펴보고 프로그램, 가격 등이 적힌 브로슈어를 받아 두었다가 나중에 다니게 될 집 근처 프리스쿨과 비교하여 보았다. 그리고 아이와 함께 들어가서 둘러보고 놀이터에서 자유롭게 놀고 있는 다른 아이들의 모습을 함께 보며 '다른 친구들과 밖에서 놀면 재미있겠다', '처음 보는 장난감들이네. 우리도 가서 한번 살펴볼까?' 하면서 첫 등원 전부터 인근 프리스쿨을 방문하며 아이의 호기심을 자극해 놓았다.

크라이스트처치에서 우리가 처음 선택한 프리스쿨은 규모가 제법 크고 실내외가 널찍한 프랜차이즈 센터였다. C가 처음 다닌 센터는 동양 아이는 손에 꼽을 만큼만 있었고 선생님은 모두 금발머리에 체격이 좋은 키위 선생님들이었다.

처음 한 달 동안은 주 3회 오전 파트타임으로 다니고(가지 않는 날 중 하루는 영유아를 대상으로 한 도서관 스토리텔링 타임에 나갔다)

그 이후부터는 풀타임으로 나갔는데 예상하지 못한 일이 벌어졌다. 잘 적응할 거라고 생각했던 둘째 C양이 웃는 얼굴로 집을 나섰다가도 센터에 차를 세우고 들어가려 하면 그때부터 싫다고 울고불고 난리가 아니었다. 정말 싫으면 가지 말고 엄마랑 집에 가자고 하면 그것도 싫단다. 그럼 왜 우느냐고 했더니 "나도 몰라. 그냥 눈물이 나." 하고 대성통곡을 했다. C의 목소리는 상상을 초월할 만큼 크다. 발악하며 울 때는 집에 무슨 일이 벌어진 줄 알고 이웃들이 와서 슬며시 집 안을 보고 가기가 한두 번이 아니었다.

그러나 선생님에게 물어보니 일단 엄마가 가고 나면 5분 안에 그치고 언제 그랬느냐는 듯이 하루 종일 잘 지낸단다. 오후에 내가 데리러 갔을 때도 활짝 웃는 얼굴로 "헬로우" 한다. 정말 난감했다. 처음부터 정말 가기 싫다고 하면 비싼 수업료 내고 보내지 않을 텐데, 아이가 아직 어리고 본인이 싫다면 굳이 프리스쿨을 보내지 않고 커뮤니티에서 운영하는 놀이모임(일정 금액 도네이션 혹은 거의 공짜)이라도 갈 텐데 이도저도 싫다하면서 아침마다 벌이는 전쟁에 C도 나도 스트레스가 이만저만이 아니었다. 여기까지 와서 이 귀중한 시간에 왜 이런 스트레스를 받아야 하나 하는 회의감도 들었다. 엄마가 센터에 같이 있어주는 것도 하루 이틀이지 이럴 거면 뭐 하러 돈 내고 보내나 하는 생각이 들었고 나중에는 아이 보내는 것을 그만두어야 하나 하고 심각하게 고민도 했다.

그러기를 한 달 이상. 이제 C에 대해서 웬만큼 파악한 선생님들이 아침마다 "C Happy Mode" 만들기 작전을 펼친다. 우선 C가 문을 열고 들어오면 최소한 선생님 두 명은 마중 나와 C 기분 맞추기 작전에 돌입한다. 그중 웃는 얼굴이 예술인 Janna 선생님은 역시 아이가 세 명인 프로 엄마답게 C의 눈높이에 맞추어 바닥에 앉아 포옹 인사를 하고 C가 울까 말까 갈등하는 짧은 틈에 손을 끌고 키친으로 데려간다.

"C, 여기 봐. 우리 냉장고 문 같이 열어 볼까? 오늘은 무엇이 들어 있을까? 와! 블루베리네. 오늘 우리 이걸로 블루베리머핀 같이 만들 거야. 재미있겠다. 제나랑 C도 같이 만들 거지?"

먹을 것이라면 울다가도 뚝 그치는 C는 묵직한 블루베리 봉투와 다양한 색상의 깜찍한 베이킹 도구들을 들어 보이는 노련한 Janna 손에 이끌려 이미 반쯤 넘어갔다. 그리고 마지못한 표정으로 Janna 품에 안겨 엄마에게 손을 흔들었다.

한국과 마찬가지로 C의 웃는 얼굴이 나의 하루 일과 시작의 성패를 결정지어 준다. 많은 엄마들이 경험할 것이다. 아이가 엄마와 떨어지지 않으려고 어린이집 문 앞에서 힘들게 실랑이를 한 후 등을 떠밀어 보내면 운전하는 내내 직장 도착 전까지 무엇을 빠뜨리고 온 사람처럼 불안하고 신경이 뾰족 솟아 있음을.

이런 힘든 적응기를 거쳐 C는 지금 어떻게 되었을까? 결론부터 말하자면 정말 잘 지낸다. 아무 일도 없었던 것처럼.

차분하고 좀처럼 자기감정을 쉽게 드러내지 않는 J에 비하여 그야말로 알 수 없이 이랬다저랬다 마음을 바꾸는 C는 아침에는 즐겁게 집을 나섰다가도 프리스쿨만 도착하면 대성통곡을 하는 통에 그냥 집으로 돌아가기를 반복했었다. 그렇게 일 년이 지나고 우리들이 북섬으로 올라가면서 이번에는 절대로 유치원에 보내지 않기로 단호하게 결심했었다. 그러나 나의 예상은 여지없이 또 단박에 깨져 버렸다. 길가다가 남섬의 프리스쿨과 똑같은 로고를 발견한 C는(같은 프랜차이즈였다) 손가락으로 가리키며 확실하게 의사표시를 했다. "마미, I wanna go there." 안 보내리라 결심을 했지만 가겠다는 아이를 못 가게 할 수도 없고 난감해 하며 일단 보내보기로 했다.

그런데 이번에는 거짓말처럼 월요일부터 금요일까지 유치원 가는 날만 손꼽아 기다린다. 아침에 내가 조금이라도 다른 일을 하느라 미적거리면 빨리 데려다 달라고 성화이고 오후에 데리러 가면 집에 가지 않겠다고 이리저리 도망 다니는 통에 집에 가면 맛있는 간식이 있다고 구슬려야 했다. 보다 못한 선생님들도 집에 가야 한다고 얼른 가고 내일 만나자고 엉덩이를 밀어야 겨우 굿바이를 했다.

집에 와서도 프리스쿨의 친구들과 선생님에 대한 이야기를 그치지 않고 '방송'한다. 하루 일과는 물론이고 어느 선생님이 무슨 말을 했는지 누구 아빠는 무슨 옷을 입고 데리러 오는지 듣다 보면 프리스쿨에 관한 모든 것을 그냥 알게 된다.

오죽하면 J가 별명을 붙여 주었을까. "엄마. C는 radio 같아요. 우리가 듣지 않아도 끊이지 않고 계속 혼자 말해요." 딱 C에게 맞는 표현이다. 프리스쿨을 생중계해주는 C.

오늘도 C를 데리러 가자, 가기 싫다는 표정에 뭐라고 말이 많은 C의 손을 잡아끌며 살살 구슬린다.

"엄마가 집에서 맛있는 거 해 줄 테니 얼른 집에 가자. 응? 내일 또 와서 놀고. 착하지?"

아쉬운 표정이 가득한 C 엉덩이를 밀어 내며 프리스쿨을 나왔다.

아이들과의 실랑이는 언제까지 계속되어야 할까? 글쎄, 그런 날은 오지 않을는지도 모른다. 그래도 이런 실랑이를 즐기고 있는 나 자신을 발견하게 되니 참 아이러니하다.

우리 아이들 키위 사회에 첫발 들이다 II 

내가 운전하기를 더 이상 미룰 수 없다고 결심하게 된 결정적인 계기는 J의 등교였다. 학교는 멀지 않았지만 한 번에 가는 버스가 없고 한 번 갈아타야 했는데 그것마저 배차 간격이 30분이었으니 아침 시간에 C의 손까지 잡아끌고 버스 타기란 쉬운 일이 아니었다. 할 수 없이 학교 가는 길을 익혀 운전대를 잡기 시작했다.

학교에 가게 되면서 준비해야 할 것이 많았다. 뉴질랜드 아이들은 스쿨 유니폼을 입고 다닌다. 처음에는 유니폼을 입은 아이들은 명문 사립학교 아이들인 줄 알고 길 가다가 스쿨 유니폼을 입은 아이들이 지나가면 한 번 더 눈길이 갔다.

우선 교복 파는 곳에서 J의 교복을 골랐다. 교복의 질에 비하여 가격은 비싸다. 티셔츠 하나에 만 원이면 충분할 것 같은데 저렴해 보이는 티셔츠도 25불에서 40불까지 가격도 참 다양하다. 다음은 책가방 고르기. 이것저것 다 파는 웨어하우스(Ware House)에서 다른 친구들과 같이 큰 가방 그리고 핑크색 런치박스(Lunch Box)와 물통을 골랐다.

가방은 한국 가방이 훨씬 예쁘고 고급스럽다. 처음에는 한국에서 가져 온 예쁜 가방을 들고 가려니 했는데 다른 아이들과 똑같은 투박하고 큰 가방이 좋단다. 아이들 눈과 어른들 보는 눈은 다른가 보다. 집에 와서도 가방을 들어 보고 런치박스도 눈에 보이는 곳에 잘 놓아둔다.

학교 가는 길은 단순하지만 꽤 많은 시간과 체력을 요구한다. 우선 아침 일찍 일어나서 교복을 입고 가방을 챙긴다. 한국의 급식 시스템에 익숙해 있다가 모닝 티(Morning Tea 오전 간식), 런치(Lunch)까지 싸 주려니 여간 힘든 게 아니다. 그리고 하루 먹을 것을 전부 챙겨 주어야 하는 런치박스 스트레스는 뉴질랜드에 머무는 동안 적응하기 가장 어려운 부분이었다. J가 다녔던 학교 등교 시간은 8시 30분이다. 그 전에 도착해도 들어갈 수 없고 8시 30분이 넘어야 교실 안으로 들어갈 수 있었다.

뉴질랜드 학교는 우리나라의 유치원생 나이인 Year 1부터 시작하여 Year 6까지 Year 7과 8은 인터미디어트스쿨, 우리나라의 중학교와 같은 개념이다. 학교의 가장 어린 꼬마인 Year 1도 입학식이 따로 있는 것이 아니라 만 5세의 자기 생일이 지나면 바로 학교에 입학할 수 있다. 따라서 학교 신문이나 학생 조회 때 이번 주에 입학한 신입생(New Student)을 소개하는 글이나 인사하는 광경을 종종 볼 수 있다.

J가 입학한 학교는 전교생이 250명가량인 학교다. 같은 반 친구들은 19명으로 키위 아이들이 대부분이며 그 외에 일본 아이들 2명, 그리고 약간 까만 피부에 곱슬머리 퍼시픽 섬나라 아이들도 눈에 띄었다. 담임선생님은 이제 막 대학을 졸업한 것 같은 귀여운 얼굴에 안경을 쓴 여자 선생님으로 차분한 인상이다.

학교에 발을 들이며 바로 사용해야 하는 J의 영어 실력은 알파벳 대소문자를 구별하고 읽는 것과 간단한 행동 지시어를 눈치로 알 수 있는 정도였으며 영어에 대한 불안감은 거의 없어 보였다. 엄마의 방 안에 널려 있는 영어 교육 자료에서도 알파벳을 심심치 않게 볼 수 있었고 나른한 일요일, 커피 한 잔 놓고 수업에 쓸 영어 노래나 재미있는 것을 찾아 사이트를 뒤지는 엄마 옆에서 곁눈질로 배운 것도 없지 않아 있었을 것이다.

굳이 말하자면 나는 언어 조기교육에 찬성하는 입장이다. "저는 영어 조기교육에 찬성해요."라고 말하면 "결국 사교육에 찬성하는 거네요." "모국어나 잘 교육시켜야죠." "엄마가 영어에 관심이 많으니까 그렇겠네요." "여유 되니까 영어 시키는 거 아니에요?" 등등 살짝 곱지 않은 시선이 오는 경우가 많아 그에 관한 말은 되도록 아낀다.

그러나 외국어든 모국어든 결국 언어는 환경에 의하여 점차 쌓여 가며 특히 어렸을 때 받은 감각을 자극하는 그 느낌은 이후 시작하는 그 어떤 값비싼 외국어 사교육보다 효과적이라고 생각한다. 부모가 외국어를 좋아하고 취미가 있는 가정환경의 아이들은 일반적으로 그 언어를 자연스럽게 받아들일 수 있다. 그러나 정작 부모는 관심도 없으면서 아이 영어만 채근하는 가정의 자녀는 들인 돈과 노력에 비하여 신통치 않아 주변의 많은 가정들이 이에 대하여 실망하는 모습을 볼 수 있다. 다시 말하면 엄마는 영어를 두려워하면서 아이들에게만 강요해서는 안 된다.

어쨌든 J는 첫 학교생활을 시작했고 나는 J의 학교 공부에는 관심을 보이지 않았다. 학교에서 무엇을 배웠는지 영어는 좀 알아들었는지 등 영어와 공부에 대해서는 일절 묻지 않았다. 다만 런치와 모닝 티는 맛있게 먹었는지 화장실은 참지 않고 가고 싶을 때 손으로 T를 그리며 의사 표현을 했는지를 물었다.(T는 Toilet의 T 약자로 아이가 화장실 가고 싶을 때 선생님을 바라보며 두 손을 T를 만들어 의사 표현을 하도록 했다. 학교에 가니 실제로 선생님도 같은 방법으로 화장실 의사 표현을 지도하고 있었다)

J는 평소의 모습처럼 차분하게 학교생활을 즐기고 있었다. 예상 밖으로 친구들도 많이 사귀었다. J가 즐겁게 잘 다니니 고마웠다. 그렇다고 J가 처음부터 좋아했던 것은 아니었다. 나중에 다른 엄마들에게 들은 이야기인데 첫 3일 동안은 내가 학교에 데려다주고 돌아선 후 멀리 엄마 모습이 안 보이면 말없이 눈물을 주르르 흘리기도 하였고 새로운 동양인 친구를 신기해하며 몰려드는 버디(Buddy, 새로 온 친구를 도와주는 짝꿍)들이 귀찮다며 "No, Help.(어디서 듣고 딱 필요한 말을

머릿속에 입력했는지)를 도도하게 외치며 손을 내저어 친절한 선생님과 친구들을 당황스럽게 만들기도 했었다고 한다.

그밖에도 유니폼 바지 단추를 내리고 다시 단추를 채우는 것을 못해서 화장실 가고 싶은 것을 참느라 일부러 물을 안 마시기도 했다고 한다. 왜 그런 말을 안 했느냐고 나중에 물었더니 엄마가 걱정할까 봐 굳이 말을 안 했단다. 그 말을 들은 나는 속이 차버린 5살짜리 딸의 말에 좋아해야 할지 걱정을 해야 할지 고민 아닌 고민을 하게 되었다.

눈에 보이는 것이 전부가 아니었다. 마냥 어린 애들로만 생각하고 그저 내가 가는 대로 잡아끌기만 하면 될 줄 알았는데 이미 가슴속은 엄마 생각보다 더 빨리 크고 있었다. 그 이후 J와 C의 NZ 사회생활은 엄마인 나에게 많은 자극제가 되었다. 매일 매일 새로운 것을 배우게 해 준다.

너희 엄마, 학교에 취직했니?

외국인 학생이 담임선생님 이외에 자주 만나게 되는 선생님은 바로 ESOL 선생님이다. English for Speakers of Other Languages의 약자인 ESOL 교실은 영어가 모국어가 아닌 아이들을 위한 특별반인 셈이다. 그러나 대부분 방과 후에 가르치는 것이 아니라 수업 시간 중 따로 시간을 내어 가르친다.

첫날 J의 학교를 가보니 영어가 모국어가 아닌 아이들을 모아 놓고 수업을 하는 ESOL 수업이 한창이었다. 북섬으로 오니 각 나라에서 온 이민 가정이 학급의 절반 이상이었다. 이런 상황이니 ESOL 수업이 제대로 운영되지 않으면 부모를 따라 갓 이민 온 아이들은 학교생활을 하는 데 큰 어려움이 있다.

영어 교육에 관심이 많은 나에게는 ESOL 수업을 샅샅이 파헤치며 알아볼 기회다 싶었다. ESOL 선생님에게 물어볼 질문들이 갑자기 생각나서 수첩에 정신없이 질문들을 적었다. 노다지를 찾은 것처럼 갑자기 신이 났다. J가 새 학교를 잘 시작하고 있는지는 안중에도 없고 ESOL 수업이 끝날 때까지 교실 밖에서 기다렸다.

아이들 수업이 끝나자 나는 조심스레 문을 두드렸다. 마침 선생님은 다음 수업이 없는지 커피를 여유롭게 마시려 하고 있었다.

"안녕하세요. 저는 한국에서 온 J 엄마예요."

동양인 엄마의 갑작스런 방문에 선생님의 표정이 살짝 당황스러워 보였다.

"누구 엄마라고요?"

아이 이름을 당연히 알 리가 없는 선생님이 다시 물었다. 여기는 담임교사가 아니더라도 주 1,2회 아이들을 보는 선생님이라도 아이들에

대하여 정확히 꿰고 있다. 더군다나 ESOL 선생님이 아이 이름을 모른다는 것은 말도 안 된다. 표정을 보고 상황을 파악한 내가 다시 부가 설명을 했다.

"아, 오늘 와서 당연히 모르실거예요. 아이 문제가 아니라 제가 개인적으로 묻고 싶은 것이 있어서요."

나는 내 소개와 함께 한국에서 교사로 일하고 있으며 영어를 가르치고 있다고 말하고 방해가 되지 않는다면 수업을 옆에서 지켜보고 싶다고 말했다. 내 이야기를 들더니 선생님이 흥미롭다는 표정을 지었다. 그 학교에도 많은 한국 아이들이 있는데 엄마가 ESOL 수업을 보고 싶어 하는 사람은 처음이라며 오히려 나를 신기해했다.

그날 ESOL 선생님, 스테파냐와 나는 그녀가 끓여준 차를 마시며 아이들 키우는 이야기와 여행, 그리고 한국과 뉴질랜드 문화에 대한 많은 이야기를 나누었다. '교사'라는 같은 직업과 '엄마'라는 같은 카테고리는 이야기를 멈추지 않게 했고 시간 가는 줄 모르고 대화에 빠져들게 하였다.

다음 날부터 나는 1주일에 두 번 정도 그녀가 미리 정해 준 시간에 ESOL 교실 한쪽에서 그녀의 수업을 볼 수 있게 되었다. 학생들은 중국, 한국, 방글라데시, 필리핀, 태평양 섬나라 등에서 온 아이들이었다. 영어 수준은 한 마디도 못하는 아이부터 이제 겨우 단어를 읽는 아이, 말은 가능하나 아예 입을 닫고 있는 아이까지 다양했다. 한국 아이들은 입을 다물고 한쪽에 앉아 있는 내가 중국 사람이라고 생각했는지 자기들끼리 킬킬거리며 나를 바라보고 계속 '니하오'만 연발했다. 오히려 중국 아이들은 직감으로 내가 중국인이 아닌 것을 알고 나의 짧은 중국어 인사에도 자기네들이 더 쑥스러워했다.

매 수업마다 스테파냐는 아이들의 수준에 맞게 그림 카드, 단어 카드를 충분히 활용했다. 같은 학습 자료로도 학습자의 수준에 맞게 다르게 수업을 진행했다. 처음 시작한 아이들의 수업 초점은 '편안한 분위기'였다. 영어가 모국어가 아니므로 입을 떼는 데는 당연히 시간이 걸린다. 그러나 한 번 입을 떼는 순간을 겪고 나면 언제 그랬느냐는 듯이 거침없이 상승 곡선을 타고 영어에 빠져든다. 그러려면 마음을 안정시키는 편안한 수업 분위기는 기본이다.

수업은 한 수업 당 4~5명이 한 팀이 되어 30분 간격으로 수업을 진행한다. 게임, 스토리텔링 등 아이들이 재미있어 하는 것을 위주로 지루하지 않게 진행한다. 공부를 마친 아이들은 스티커 박스에서 자기들이 좋아하는 스티커를 찾아 손등에 자랑스럽게 붙이고 활짝 웃는다. 스티커 때문에 공부를 열심히 한단다. 웃긴 이야기이지만 아이들이 그렇다.

수업을 여러 번 보니 나도 이제 누가 누구이고 어떤 아이가 어떤 문제를 가지고 있는지 알게 되었다. 정작 우리 J 수업은 한 번도 못 봤다. 그 이유는 스테파냐의 수업은 중급 이하의 아이들인데 J는 고급반이라 다른 선생님이 담당했기 때문이다.

1년을 겪고 올라오니 이번 연도의 J 영어가 많이 늘었나 보다. 실제로 스테파냐의 수업은 빈손으로 와서 활동만 하고 가는 수업인데 반하여 J는 가끔 쓰기 공책이 필요하다고 준비해 오라는 알림장도 온다. ESOL수업도 다른 언어 수업과 마찬가지로 말하기 단계가 끝나면 본격적인 쓰기(Writing) 수업에 들어간다. 듣기, 말하기, 읽기, 쓰기 4박자를 갖추어 공부하는 것은 어디를 가나 똑같다.

나는 이렇게 스테파냐의 수업을 지켜보며 그녀와 가까워졌고 나도 당연히 그녀의 부탁에 한국 학생들을 위하여 그림을 한국어와 영어로 쓰는 작업을 도와주었다. 이렇게 들락날락하다 보니 J학교에서 하는 학교 행사에 학부모 도우미도 많이 하게 되었다. 우리나라와 비슷한 '과학의 날(Science Day)'에는 화산 모형 앞에서 마그마의 폭발 원리를 보여주는 데모(Demo) 수업의 코너도 맡아서 진행하고 색의 퍼짐 원리를 살펴보는 코너에서는 물 위의 물감을 퍼뜨리며 아이들에게 시범을 보여주었다.

뮤직 데이(Music Day)에는 타악기를 만드는 아이들 틈에서 손과 옷에 물감을 가득 묻히고 바삐 움직였다. 물감 붓도 바로 빨아서 말리고 뒷정리도 다른 엄마들보다 빨리 하니 처음에는 선생님이 미안해하더니 이제는 다음에도 꼭 도와달라고 먼저 요청한다. 자주 오가다 보니 학교 아이들이 지나가면서 손을 흔들며 먼저 아는 척을 했다. 이렇다 보니 어느 날 다른 한국 엄마가 집으로 돌아오는 J에게 "너희 엄마, 여기 선생님이니?" 하고 묻더란다. J는 처음 보는 아줌마의 질문이 무슨 뜻인지 몰라 고개만 저으며 갸우뚱한 표정을 지었단다.

그 후 한참 지나 폭우가 쏟아지는 어느 날 교실 앞에서 우산을 들고 만난 어떤 엄마가 나에게 슬쩍 말을 꺼냈다.

"우리는 J 엄마가 여기 ESOL 교사로 온 줄 알았어요. ESOL 선생님 수업 때도 뒤에 앉아 있고 그때 화산 모형 앞에서도 애들한테 뭐 보여주면서 설명하고 해서요. 여기 학교에서 일하시는 거 맞아요?"

그 엄마의 말을 들어보니 아이들이 집에 가서 말하기를 우리 반에 J라는 애가 있는데 알고 보니 선생님 딸이었다고 했단다. ESOL 수업에도 과학의 날에도 학교의 큰 행사가 있는 날이면 출근하는데 활동이 끝나고 자리에 앉아서 조용히 하지 않으면 다음 스테이션(Station)으로 안 보내주고 그냥 말없이 바라보며 조용해질 때까지 기다린다고 좀 무섭다고 말했단다. 외국 아이들 눈에 '무서운 선생님'으로 찍혀서 입에 오르내리니 웃어야 할지 울어야 할지…….

다음 날 나는 J에게 말했다.

"J, 거 봐. 애들이 엄마 알잖아. 그러니까 너는 교실에서도 예의 바르게 행동하고 친구들에게 항상 양보해야 돼. 알았지?"

J가 고개를 끄덕였다.

그리고 그날 저녁. 나는 J 선생님으로부터의 Thank You Note를 이메일로 받았다.

"오늘 도와주신 것 정말 감사합니다. J 엄마가 없었더라면 힘들었을 겁니다. 잘 쉬고 좋은 밤 보내세요. 다음 활동은 폐품을 활용한 만들기인데 종이를 찢어 붙이는 데 어른의 도움이 좀 필요한 아이들이 있을 것 같네요. 시간 되시면 도와주세요. 다시 한 번 감사드립니다."

이렇게 Thank You Note를 받고 나면 '이번이 마지막이야' 라고 생각하면서도 다음에 또 가게 되니 Thank You의 위력이 크긴 큰가 보다. 나에게 'Thank You' 하며 삶을 'Thank You'하게 느낄 수 있게 해주니 얼마나 'Thank You'한 일인지.

55개의 도서관, 바로 당신이 주인입니다 

주차를 하고 내리면 옆 차의 창문 안으로 종종 보이는 것들이 있다. 아이가 있는 가정의 뒷좌석 카시트, 운전석 옆의 컵 홀더에 꽂혀 있는 테이크아웃 종이컵, 그리고 바로 차 주인의 사고 깊이를 살짝 엿볼 수 있는 조수석에 쌓인 도서관에서 빌린 책들.

뉴질랜드 생활에서 빼 놓을 수 없는 것 중의 하나가 도서관이다. 대도시는 물론이고 아무리 작은 마을이라도 어김없이 있는 공공도서관. 뉴질랜드에서 가장 많은 사람들이 모여 사는 오클랜드의 경우에는 도서관 문만 열어도 "1 city. 55 Library Locations."라는 캐치프레이즈가 눈을 먼저 사로잡는다. 오클랜드 안에만 55개의 도서관이 있다는 뜻이다. 그것도 땅 값 저렴해 보이는 외딴 곳에 홀로 뚝 떨어져 있는 곳이 아니라 노른자 땅처럼 보이는 시티 중심부터 호텔이나 비싼 레스토랑이 있음직한 바다 경치가 환상적으로 보이는 해안가까지 골고루 위치해 있다. 한마디로 일부러 찾아가고 싶은 경치 좋은 곳부터 집 근처 가까운 곳에서까지 도서관을 쉽게 찾을 수 있다.

도서관에는 누구나 들어가서 마음껏 책을 읽을 수 있고 인터넷 사용을 원하면 당일 이용할 수 있는 임시 아이디와 비밀번호를 발급받아 제한된 시간 내에 무료로 잠시 사용할 수도 있다. 노트북이 있으면 무선 인터넷도 대부분 가능하다. 한글 지원이 되는 곳도 많고(대부분 한글 인터넷 사이트는 그대로 열리므로 메일 확인 등 읽는 것은 문제없다) 게다가 유학생이나 장기 방문객이라도 본인의 이름과 주소가 찍힌 즉 해당 도시에서 거주하고 있다는 증명 서류(이름과 주소가 찍힌 집 렌트 사본, 은행, 전화, 전기요금 고지서 등)만 들고 가면 그 자리에서 도서관 카드를 무료로 발급해 준다. 책은 1인당 30권 빌릴 수 있고 그것도 대여 기간이 한 달이다. 오히려 넉넉한 대여 기간을 믿고 구석에 놓아두었다가 반납 시기를 놓치는 경우도 더러 있었다. 또한 5세 미만 아이들을 위한 스토리텔링 타임 등 아이와 엄마를 위한 이벤트가 매주 진행되니 도서관 벽면에 붙여져 있는 알림판(Notice)만 잘 보아도 재미가 쏠쏠하다.

우리도 여행 중에도 돌아다니다가 힘이 들면 낯선 도시에서도 어김없이 눈에 띄는 도서관으로 향했다. 나는 임시 번호를 발급받아 인터넷을 잠시 이용하며 메일을 확인하고 간간이 한국 뉴스도 보았으며 아이들은 편한 자세로 눕거나 앉아서 그림 동화책을 넘기거나 작은 테이블 위에 있는 퍼즐, 장난감을 가지고 놀았다. 이방인이라 눈치 주는 것이 아니라 오히려 친절하게 맞아준다.

이렇듯 내가 도서관을 특히 좋아한 이유 중의 하나는 어느 곳을 가나 Children's Corner가 따로 마련되어 있다는 점이다. 처음에는 우리 동네에만 있는 줄 알고 다른 곳은 가 보지도 않고 늘 집 근처만 이용했었는데 시간이 조금 지나고 보니 모든 도서관에 아이들 코너가 따로 마련되어 있었다.

또 하나 눈여겨보게 된 점은 뉴질랜드 사람들은 책에 중독된 사람들 같았다. 걷기가 정말 힘들어 보이는 할머니 할아버지들도 보조 도구를 밀며 재활용 가방에 책을 가득 골라 넣고 책의 세계에 빠져들어 있었고 흙냄새가 솔솔 풍기는 투박한 반바지 차림에 형광색 안전 재킷을 입은 선글라스 쓴 아저씨도 한손에는 커피를 들고 다른 한손으로 빌린 책을 반납하고 서둘러 나간다. 그뿐이 아니다. 아이들 코너에는 자녀 옆에 앉아 소리 내어 책을 읽어 주는 부모들의 모습도 어디서나 볼 수 있다.

한국 사람들이 많이 사는 오클랜드에 오니 한국 책들도 제법 눈에 띄었는데 영어로 쓰인 책들이 질릴 때면 한국 책을 대여섯 권 빌려 잠이 안 올 때 읽는 일이 이제 나의 일상이 되어 버렸다. 한국에 있을 때는 시립도서관 한번 가려면 붐비는 주차장에서 파킹하고 겨우 두세 권의 책을 빌려 나오느라 지쳐서 회원 카드를 만들고도 몇 번 이용하지 않았었는데 이곳 도서관은 마음껏 쉽게 드나들며 이 나라 시민이 아닌 우리들에게도 똑같이 읽을거리를 무제한 제공해준다는 사실은 정말 감사하게 여기지 않을 수 없다.

오늘은 날씨가 흐리다. 커피 한 잔 들고(우리나라에서는 음료도 못 들고 들어가게 하지만 여기 도서관 안에 카페가 있는 곳도 더러 있다) 도서관에 앉아서 책을 넘기며 나른한 오후를 즐긴다. 커피와 책. 그리고 평화롭기 그지없는 이 순간은 어떤 긴 휴가보다 달콤하다 못해 중독 그 자체이다.

한국 슈퍼 맘 vs 뉴질 픽업 맘, 당신의 선택은? 

방랑 생활 일 년이 다 되어 가니 주변의 한국 엄마들이 종종 눈에 띄고 그들이 현지에 오래 산 교민인지, 아이들 데리고 잠시 놀러온 엄마들인지, 아이들 하나 바라보고 온 기러기 엄마인지 살짝 감이 잡힌다. 그리고 그들의 대화를 살짝 엿들으면 고개를 끄덕이며 일부 이해하는 수준에 이르렀다.

직장을 다닐 때는 육아와 살림에 전념하는 주부 엄마들이 아는 것은 나도 다 안다고 생각했거나 굳이 내가 알 필요 없는 것이라고 생각했었는데 나도 '풀타임 주부' 엄마가 되고 보니 그동안 내가 알 필요가 있는 것들이 더 많았다. 아이들 교육은 둘째치고라도 내 아이에 대하여 미처 알지 못한 것들이 정말 많았던 것이다. 한국에서도 한참 뒤처져 있었던 엄마인데 잠시 체류하는 뉴질랜드에서까지 사교육 동향 파악까지는 나에게는 능력 밖의 일이었다.

구체적인 예로 여기 엄마들은 어느 학교에는 ESOL 선생님 누가 괜찮고 어떻게 가르치고, 어디엔 한국 수학 선생님 과외가 얼마이고, 한국 선행학습을 얼마만큼 따라잡아서 귀국할 수 있고, 키위 선생님 방문 에세이 가격은 얼마이고, 어느 커뮤니티에 가면 아이들 악기를 가르쳐 주는데 어쩌더라 등 그녀들의 발 빠른 정보력은 외국 생활을 오래한 현지 교민들도 혀를 내두르게 한다.

슈퍼 맘들의 정보 수집 능력은 비단 외국에서만이 아니다. 멀리 갈 필요 없이 방 안의 컴퓨터 전원을 누르고 당장 인터넷 검색어만 몇 개 넣어 자판을 두들겨 보시라. 아이들과 함께하는 외국 여행과 생활 모습을 꼼꼼하게 사진 찍어 개인 블로그를 운영하는 엄마들도 굉장히 많다. 이 엄마들이 나 같은 초보 엄마가 끄적거리며 쓴 '너무나 당연한' 이런 글을 본다면 지금 장난하느냐며 코웃음을 치는 엄마들도 많을 것이다.

이 한국 엄마들의 공통점을 꼽자면 대부분 똑똑하다는 거다. 물론 자식 교육에 목숨 걸고 해외로 나가서 가족을 분열시키네, 국내에서도 충분히 가능한데 해외에서 외화 낭비하네, 등등 매스컴에서 비난하고 곱지 않은 시선을 쏘아주기도 하고 실제로 여기서 잠깐 스쳐 지나간 엄마들 일부는 좀 심하다 싶을 정도로 아이들을 '혹사'시키는 엄마들이 많은 것도 사실이다. 그 과정이 어찌 되든 그들 삶에 대한 수식어를 붙여보라면 그냥 한마디로 딱 '슈퍼 맘(Super Mum)'들이다. 그들은 내가 겨우 알아낸 거면 나보다 더 발 빠르게 찾아서 이미 능숙하게 즐기고 있었다. 내가 처음 부푼 마음으로 '장거리 여행'을 꿈꾸며 인터넷을 여기저기 기웃거리며 종종걸음 하는 엄마라면 다른 슈퍼 맘들은 이미 자리 잡고 둘러 볼 곳 다 둘러보고 종착지를 정하여 자식 교육에 한창인 이미 '뛰는 엄마들'이었다.

그리고 그 '뛰는 엄마' 위에는 모든 것들이 가능해 보이는 '날아다니는 엄마'들이 있다. 육아부터 집안 살림이며 한국에 있는 남편 뒷바라지, 재테크까지 섭렵한다. 이들은 한국 교육은 물론이고 미국 어느 학교 어느 지역, 캐나다 어디, 호주, 뉴질랜드 어디 하고 말하면 나는 그 지명도 처음 듣는데 마치 우리 동네에 대해 말하듯 척척박사이다. 영어권은 당연지사요 중국, 필리핀, 싱가포르, 말레이시아 교육 등 한국 슈퍼 맘들의 손길이 미치지 않는 곳은 거의 없다고 말해도 과언이 아니다.

어느 쪽의 손을 들며 비난 혹은 두둔하기에 앞서 한국 엄마들의 능력은 정말이지 당해낼 재간이 없다. 이 슈퍼 맘들을 비난하거나 편을 드는 것은 각자의 몫에 맡기며 바로 옆에서 일어나고 있는 현실적인 이야기를 계속해 보자.

외국에 나와 있는 유학생 엄마들 중 많은 이들이 한국에서와 마찬가지로 철저한 아이들의 매니저가 된다. 여유 있는 커피 한 잔과 경치 감상은 낮 시간 아이들이 학교에서 생활하고 있을 때 서둘러 즐겨야 한다. 아이들을 픽업하려면 서둘러야 하니까. 말이 경치 즐기고 여유 있는 삶이지 아이들을 학교에 데려다 주고 나면 집안 정리며 장보기, 오후 간식을 간단히 준비하다 보면 하루가 훌쩍 간다. 이런 바쁜 일상을 쪼개어 1~2년 뒤 한국으로 돌아갈 엄마라면 최소한 한국 수학 과외는 반드시 시킨다. 아이가 다시 한국에 돌아갔을 때를 대비하여 한국 학교 진도에 맞춘 수학은 기본이라고 여긴다. 조기 유학을 가는 아이들 가방을 슬쩍 보았는지. 대부분 수학 문제집은 항상 들어있다. 다른 과목들도 이미 뒤처져 있는데 수학마저 떨어진다면 되돌아갔을 때 아이의 한국 학교생활이 더욱 힘들다는 판단에서이다.

평범해 보이나 범상치 않은 이 '슈퍼 맘'들은 아침에 아이들을 학교에 내려 주고 3시 방과 후에 다시 픽업해 온 뒤 3시 이후부터도 부지런히 움직여야 한다. 방과 후 수학 교실이나 교민 게시판, 사이트에서 개인교습 선생님을 구하여 시간당 30~40불을 주고 밤 과외를 시킨다. 마음에 맞는 엄마끼리 짝을 지어 소규모 그룹 과외를 시키기도 한다. 그러나 한국처럼 아파트 단지에 학원이 있는 것도 아니고 학원 차가 다니는 것도 아니기 때문에(이 부분은 다들 공감한다. 대한민국 사교육은 돈만 있으면 너무 쉽다고) 30분짜리 레슨이든 두세 시간짜리 레슨이든 개인 튜터가 집으로 오지 않는 이상 아이들에 관한 모든 픽업은 엄마의 몫이 된다. 픽업도 하루 이틀이지 아무리 자식이라지만 아이의 일정에 맞추어 '로드매니저'를 경험해 본 엄마들은 안다. 그것이 얼마나 어려우며 인내심을 요구하는 것인지. 여기까지는 우리 한국 아이들의 일상이다. 그렇다면 한국에서 바라본 동경의 대상 자유로운 외국 어린이들은 어떠할까?

이렇게 평화로운 뉴질랜드, 아이들이 마음껏 뛰어논다는 이곳 키위 아이들은 정작 마당이 있는 집에서 아무런 공부 걱정 없이 자유롭게 훨훨 날며 맑은 하늘을 만끽하며 오후 시간을 보낼까? TV 광고에 나오는 것처럼 여자 아이들도 하키 스틱 휘두르며 본인들이 하고 싶은 운동을 마음껏 즐기고 있을까?

이런 아이들을 둔 뉴질랜드 키위 엄마들 역시 방과 후 활동(사교육이라 부르기에는 비교적 여유 있는 활동인 듯하여 방과 후 활동으로 표현함)에 긍정적이고 다른 스트레스는 없는지 자못 궁금해졌다. 뉴질랜드 벌판과 높은 하늘만큼이나 아이의 사고를 존중하고 자유롭게 키우면 그 아이는 우리들을 감탄케 하는 자연스러운 내츄럴 모국어 영어와 구속받지 않고 표현하는 법을 배운 사고, 또 홈타운에서 다져진 운동 실력을 발판 삼아 넓은 세상 속으로 제 힘으로 쫙 뻗어 나갈까?

일단 나의 짧은 소견으로 대답은 '글쎄 + 가정에 따라 다르다'이다. 소위 우리가 생각하는 보습학원, 사교육 시장은 우리처럼 과열되지 않은 것은 분명한 사실이다. 그러나 아이가 취미 삼아 발레를 배우든 프로처럼 악기 하나를 배우든 자녀의(집에서조차 보통 14세 미만은 부모 혹은 14세 이상 감독인과 함께 있어야 한다) 모든 픽업은 부모의 몫이 된다. 학교 픽업은 물론이고 그 이후 활동하는 모든 활동은 엄마 혹은 아빠가 '로드매니저'가 되어 픽업(Pick Up), 드랍(Drop)을 완수해야 한다는 이야기이다. 물론 뉴질랜드에서 세계 최고 수준의 복지국가답게 실제 가정에서는 자녀 수당 등 기타 여러 혜택을 받는 것으로 알고 있으므로 우리나라처럼 자녀 세 명을 둔 가정처럼 교육비에 허리가 휘는 가정은 거의 없는 것으로 알고 있다.

그런데 비용과 혜택은 둘째치고라도 어린 자녀가 있는 가정 중 양쪽 부모가 풀타임으로 일을 할 경우에는 이들 역시 육아 문제로 힘들어 하고 있었다. 내가 만난 키위 엄마들은 일을 하고 싶어도 이래저래 아이를 맡기기가 쉽지 않아 풀타임 잡을 포기하고 당분간 육아에 전념해야 한다고 푸념을 늘어놓았다.

단 뉴질랜드는 한국과 달리 아빠가 육아에 적극적으로 함께한다. 대신 아이는 셋 이상 낳는단다. 아이 두 명과 세 명의 수당이 제법 차이가 난다나?(나도 뉴질랜드 가족 수당에 대해서는 정확히 알지 못하고 여기 키위 엄마들에게 들은 '카더라' 통신이므로 이 부분을 알기 원하시는 분은 수당 관련 한 웹사이트를 찾아보시는 것이 좋을 듯함)

아이 때문에 부모 중 한 쪽이 풀타임 일을 못하느니 차라리 아이 한 명을 더 낳는 것이 낫다는 이야기도 그네들끼리 농담으로 한다. 그러고 보면 실제로도 아이가 세 명인 가정들이 제법 많다. 매일 아침 운동하며 만나 아이들 이야기를 하는 마가렛은 한국 태권도에 푹 빠진 7살 아들 덕분에 방과 후 주 3회씩 태권도장에 데려다 주고 기다렸다가 데려 오는데 아이들 픽업에 지쳐 자기도 같이 배우기 시작하니 차라리 그게 더 낫다고 했다.

한국에서 많은 아이들이 가는 피아노 학원의 예를 들어보자. 지방의 아파트 상가에도 하나 쯤 눈에 보이는 흔한 피아노 교습소도 여기서는 이야기가 다르다. 30분 혹은 1시간 단위로 레슨비를 지불하며(25불~35불) 학생이 가는 경우도 있고 피아노 선생님이 집으로 오는 경우는 조금 더 비싸다. 한 번 할 때마다 대략 한국 돈 25,000원씩 지갑에서 나간다고 생각해 보시라. 아이가 연습 안 하고 대충 시간 때우는 거 보면 돈 아까워서 아이들을 닦달하든지 안 보내든지 당연히 둘 중 하나다. 시간당 딱딱 돈이 나갈 때는 한국의 피아노 교습소처럼 '그래도 가서 10분이라도 치고 오면 낫겠지' 하는 관대한 마음은 들어갈 자리가 없다. 또한 아이가 취미로 배우지 않고 전공으로 살리고 싶어 전문적인 지도 선생님을 찾아야 한다면 그에 드는 비용도 상승하는 것은 당연한 일이다.

물론 꼭 이런 사교육만 있는 것은 아니다. 전문 분야가 아니라 단순 취미나 방과 후에 건전하게 시간 보내기가 목적이라면 저렴하고 돈 안 드는 프로그램들도 찾아보면 많다. 지역 커뮤니티와 연계하여 방과 후 학교에서 하는 프로그램은 가격도 거의 무료에서 1회 당 대략 15달러까지 다양하다. 또 학교가 아니더라도 한국 교민이 많이 사는 곳은 교회에서 운영하는 비교적 저렴한 프로그램들도 있으니 어떤 것을 선택하느냐는 결국 엄마의 결정이다.

여기까지 이래저래 쓰다 보니 모두가 아는 결론이 나온다. 결국 맑은 하늘 자랑하는 뉴질랜드건 사교육에 허리 휘는 한국이건 뭐 하나 제대로 배우려면 알토란 같은 레슨비는 부모 지갑에서 나가야 하고, 부담 없이 공짜 프로그램에 참여하든 일정 수준 이상의 고액 과외를 받든 엄마들의 극성 여부와 상관없이 결국 배우는 학생이 열심히 해야 좋은 결실을 맺는다는 '너도 알고 나도 아는' 뻔한 결론이다.

대한민국 모든 엄마들의 고민을 나도 비껴가지 못하고 그대로 하고 있는 것을 보니 나도 엄마 대열에 들어섰다는 소속감마저 느낀다. 이 고민, 언제쯤 완전 해결될 것인가.

"그게 끝인 것 같지? 고민거리는 계속 나와. 그게 인생인걸."

By My Mum, 이 여사

당신을 신고하겠습니다

뉴질랜드의 학기는 2월에 시작이다. 텀(Term)으로 나누어서 텀1부터 텀4까지이며 각각의 텀은 대략 10주 동안 계속되다가 2주의 방학(School Holiday, 사립학교는 3주간 방학)을 가진다. 즉, 10주 학교를 가고 2주 쉬고를 반복하다가 마지막 12월 중순경 Term4를 끝으로 긴 방학에 접어들다가 2월 신학기가 다시 시작된다.

한국처럼 긴 여름방학과 겨울방학이 있는 것이 아니라 10주는 가고 2주 쉬고를 반복하니 학교 좀 갈 만하면 금방 할리데이가 오는 것 같다. 2주간의 방학 때는 마냥 집에서 노는 아이들도 있고 가족 여행 혹은 학교나 지역에서 운영하는 스쿨 할리데이 프로그램에 참여하기도 한다. 간혹 교민신문이나 인터넷 사이트를 보면 한국처럼 한국식 보습학원에서 특별히 마련한 방학 속성 특강에 참여하는 한국 아이들도 있다. 아무튼 아이들 있는 곳에는 어딜 가나 학원이 꼭 있다.

C가 다니는 프리스쿨은 주당 돈 내고 다니는 사립시설이므로 방학과 상관없이 그냥 보내면 되었고 J는 방학이 있었기 때문에 방학 때면 할리데이 프로그램에 가거나 프로그램이 재미없는 날에는 도서관에서 나와 함께 하루 종일 책을 읽거나 함께 손잡고 시내를 돌아다니기도 하였다.

스쿨 할리데이가 끝날 무렵의 어느 날 J와 함께 도서관에서 책을 읽고 있었다. 어린이 코너에서 오전 내내 지내던 중 나는 답답하고 갑자기 스트레스가 밀려오는 듯하였다. 엄마에게 오는 '아이 방학 증후군'이다. 매일 아침 운동하러 헬스클럽을 가다가 J의 방학스케줄이 맞추어 모든 것을 놓고 꼼짝없이 같이 쉬어야 하니 2주 방학이 끝날 때쯤이면 어김없이 오는 증세이다. 게다가 방학이라고 함께 돌아다니면서

고칼로리 쿠키도 종종 사 먹었더니 온몸이 묵직하게 느껴지고 체중도 늘어난 것 같았다.

나의 습관 중 하나는 아침 운동 전 반드시 같은 체중계로 몸무게와 체지방을 측정하는데 같은 회사의 체중계라 하더라도 약간의 오차가 날 수 있으므로 딱 한 개만 정해 놓고 매일 측정한다. 좀 웃긴 이야기이지만 10분을 운동하더라도 내가 다니는 Gym의 체중계를 밟기 위해 매일 아침 헬스클럽을 찾는다. 헬스클럽의 뚱뚱한 키위 아줌마들은 삐쩍 말랐으면서 뭐 하러 체중은 재느냐고 볼 때마다 타박을 했다. 그런데 어쩌겠는가. 누가 뭐라 하건 나는 매일 아침 몸무게와 체지방을 측정하고 내 눈으로 보아야 하루가 시작되는 것을. 나만의 집요한 습관 중 하나이다. 이 습관은 체중계만 조용히 밟으면 되고 더욱이 남들에게 피해주는 습관도 아니니 나는 십 년째 아침 숫자와 함께하였다.

아무튼 J의 방학으로 매일 보는 그 숫자를 보지 못하니 갑자기 너무나 답답하고 내 눈으로 꼭 보고 싶다는 강박관념에 사로잡혔다. 그래서 도서관 한쪽에서 혼자 조용히 책을 보고 있던 J에게 말했다.

"J, 엄마 이 앞에 운동하러 매일 가는 곳 있잖아. 거기 좀 갔다 올게. 너랑 같이 들어가고 싶지만 아이들은 들어갈 수가 없어서 말이야. 딱 5분이면 되거든."

엄마가 혼자 갑자기 어딜 가겠다는 건지 놀란 토끼 눈을 하고 바라보던 J는 내가 손으로 가리키던 건물을 보고 고민하는 눈치였다. 아무리 눈앞의 건물이라지만 엄마가 시야에서 사라지는 것이 싫은가 보다.

"진짜야. 엄마 딱 5분 안에 와. 여기 엄마 휴대전화 손에 쥐고 있어. 숫자가 여기 15로 바뀌기 전에 다시 네 옆으로 올게. 여기서 책 보고 있어. 엄마 화장실에 갔다고 생각하면 되잖아."

선뜻 내키지 않은 표정이었지만 이미 갈 준비를 하는 엄마의 결심을 못 바꾸는 것을 아는 J는 마지못해 고개를 끄떡였다. J의 손에 휴대전화를 꼭 쥐어 주었다.

뉴질랜드는 14세 미만은 아무리 자기 집이라 하더라도 보호자 없이 혼자 둘 수 없다. 그런데 그날은 도서관 안에 한국 엄마들도 많이 보이고 J와 함께 두 시간째 같이 있다가 5분 잠깐 다녀오는 건데 설마 그 사이에 무슨 일이 있을까 싶었다. 게다가 내가 가려는 곳은 도서관 바로 옆 건물이니까 10초면 발 닿을 건물에 회원 카드 긁고 올라가서 그 체중계에 발 올려놓고 숫자를 보고 다시 내려와 J 옆에 오기까지 채 2분도 안 걸릴 것 같았다. 아이를 데리고 가서 헬스클럽 사람들의 이목을 끄느니 몰래 다녀오는 것이 덜 번거로울 것 같았다.

J의 손에 휴대전화를 쥐어 주고 주변을 둘러 본 뒤 도서관 밖으로 나갔다. 아이 없이 밖으로 혼자 나오니 살짝 불안하기도 하였지만 '설마 그 5분 사이에 무슨 큰 일이 있겠어?' 하고 스스로 마음을 다독였다. 도서관 안에는 스쿨 할리데이라서 책 읽는 사람도 많았고 아이들 코너에는 아이들과 엄마들뿐이어서 나쁜 사람이나 위험한 사람들도 없을 것이 분명했다. 더군다나 낯선 사람이 말을 걸어도 대답도 잘 안 하는 살짝 까칠한 J여서 별일 없을 것이다.

한걸음에 도서관 바로 옆의 헬스클럽으로 들어가서 데스크에 앉아 있는 크리스티나에게 눈인사를 하고 2층으로 올라갔다. 매일 보던 체중계가 반가웠다. 평소처럼 발을 올리고 숫자를 본 뒤 내려왔다. 돌아가려는 찰나 바로 그때, 매일 만나던 재키가 내게 다가왔다. 정신없는 사람처럼 급히 와서 체중만 재고 도로 나가기도 웃겨서 재키와 인사를 하고 아이들 할리데이를 어떻게 보내고 있는지 수다에 빠져 있을 때였다. 이야기를 시작한 지 2분이 지났을까. 아래층에서 무슨 소리가 들렸다. 분명 큰 소리도 아니고 사람들의 말소리였는데 왠지 불길한

예감이 들었다.

설마 하고 슬쩍 내려다 본 아래층에는 울어서 얼굴이 빨개진 J가 있었고, 그 옆에 무서운 표정을 하고 있는 도서관 직원 출입증을 착용한 중년의 여자가 심각한 얼굴로 데스크의 크리스티나와 이야기를 하고 있었다. 순간 얼굴이 화끈거렸다. 재키에게 급히 인사를 하고 일층으로 단숨에 내려왔다.

"혹시 도서관에 아이 혼자 남겨 놓고 여기 와서 있었어?"

크리스티나가 당황한 표정으로 물었다.

"그게 아니라……."

차마 몸무게를 재러 잠시 들렀다는 말이 안 나왔다. 도서관에서 나온 여자의 표정을 보니 표정이 무섭기 그지없었다. 그녀는 크리스티나의 말이 끝나기 무섭게 낮은 목소리로 나를 노려보며 강한 어조로 말했다.

"이거 불법인거 알죠? 아이를 혼자 놓고 내버려 두는 거요."

변명할 여유도 주지 않고 말 돌리지 않고 바로 초장부터 불법이라는 표현을 쓰는 그녀의 말투에서 그녀가 어떤 사람인지 단번에 알 수 있었다. 흐트러짐 하나 없는 숱 많은 검은색 난발머리. 날카로운 눈에 자그마한 이목구비 그리고 갈색 계열 립스틱을 바른 검은색 모직 정장 차림. 이에 관해 리포트를 써서 알리겠다고 했다. 어디다가 알리겠다는 건지. 설마 이 길 가지고 경찰에 신고하겠다는 건지 살짝 긴장이 되었다. 그런데 그녀의 표정을 보니 그럴 수도 있다는 생각이 들었다.

작년 뉴스에 아이를 차에 놓고 나이트클럽 갔다가 체포된 남자의 기사가 머릿속을 스쳐 지나갔다. "한국인 엄마, 아이를 도서관에 버리고 Gym에서 체중 재다. What a crazy lady."라는 타이틀 기사가 머릿속에서 휘익 지나갔다. 아, 고작 체중계 한 번 밟으려다가 이런 일이 생기다니. 그 도서관 직원이 이글거리는 눈으로 목에 핏줄을 세우며 나를 몰아붙이는 동안 그녀의 이야기는 제대로 들리지도 않아 혼자 별별 생각이 다 들었다.

"당신 상습범 아니에요? 아이를 공공장소에 혼자 놓고 가버리다니. 물론 우리 도서관이 안전하긴 하지만 우린 아이에 대한 책임이 없어요. 당신 딸 오늘 얼마나 상처 받았는지 알기나 해요?"

정말 속사포처럼 쉴 새 없이 쏘아붙이는 통에 뭐라고 변명 한마디 제대로 못하고 속수무책으로 듣고만 있었다. 그녀의 표현대로 불법은 불법이니까. 그런데 정말이지 너무나 억울했다. 그리 따지면 2~3분 화장실 가는 것도 다 큰 아이를 동반하고 가야 하는데 도서관 안에서 5살 넘은 아이들이 엄마가 화장실 다녀오는 동안 조용히 앉아서 책을 읽는 광경도 여러 번 보았다. 나는 물론 건물 밖으로 나갔으니 바로 옆 화장실과 비교할 수는 없지만 말이다.

무서운 그녀의 말이 일단락 끝나고 나서 내가 말했다.

"잠깐 아이 놓고 여기 온 것은 맞아요. 하지만 잠깐 들러야 했었고 건물 바로 옆이었고 3분도 걸리지 않았기 때문에 책 읽는 아이 손 끌고 오기보다는 혼자 오는 게 낫다고 생각한 거예요. 아무튼 다음부터는 이런 일 없을 겁니다."

일단 내 잘못을 인정하고 간단히 설명하자 내가 안돼 보였는지 크리스티나도 옆에서 한몫 거들었다.

"이 사람 여기 온 지 5분도 안된 거 맞아요. 차림새를 보니 아이 놓고 운동하러 온 거 같지도 않고요."

단호한 '도서관의 그녀'는 그래도 불법이라며 한 번 더 힘주어 말한 뒤 J를 내 손에 넘겨주었다.

"다음부터는 그러지 마세요. 경찰에 신고할 겁니다."

대체 무슨 일이냐며 나와 J를 흘끔흘끔 바라보며 지나가는 사람들을 뒤로 하고 우리는 얼른 자리를 떠났다. 모두들 가버리고 울어서 얼굴이 빨개진 J손을 잡고 처량한 발걸음으로 공원으로 나왔다. 이런 점이 혼자 아이를 데리고 다닐 때 가장 불편한 점이다. 정말 혼자 있거나 혼자 가고 싶을 때 그럴 수 없다는 점이 최대 단점이다. 내가 아무 말도 안하고 J의 손도 잡아 주지 않자 J는 서러운 듯 더욱 크게 울었다. 자초지종을 물으니 더욱 서럽게 울며 말했다.

"엄마 나가고 어떤 아줌마가 와서 엄마 어디 갔느냐고 물어봤어요. 아무 말도 안 하니까 계속 너네 엄마 어디 갔느냐고, 왜 이렇게 안 오냐고……. 그리고 아까 그 무서운 아줌마 데려와서 내 손 잡고 어디 같이 가서 막 전화하고……. 그래서 엄마 여기 있다고 데려왔어요."

당연히 엄마라면 내 잘못으로 엉엉 소리 내며 우는 아이를 안아주고 다독여줘야 하는데 그날은 아이에게 손이 가지 않았다. 집으로 오는 내내 차 안에서 우리는 아무 말도 하지 않았다. J는 더욱 서럽게 소리 내어 울고 있었다.

운전을 하고 오면서 여러 생각이 들었다. '뉴질랜드를 택하기 잘했어. 아이들을 혼자 키우며 배우는 점이 너무 많아.'라는 생각을 하며 지내고 있기는 하지만 막상 나에게 이런 자유도 주어지지 않았던 누구도 탓할 수 없는 이 상황에 그냥 화만 났다. 보기만 해도 마음이 풀리던 파랗고 높은 하늘도 그날은 도움이 되지 않았다. 머리는 이성적으로 움직이며 스스로를 다독였지만 마음속은 마냥 화만 났다.

그날 밤은 조용히 차만 마시다가 자정이 넘어서야 잠든 J를 꼭 안고 나도 스르륵 잠들었다.

그래서 애들이 영어는 알아들어요?

뉴질랜드 생활이 점점 자리를 잡아 가자 한국에 있는 사람들이 가장 많이 궁금해 하는 부분이 바로 아이들 영어였다. 뉴질랜드 생활을 이것저것 묻다가 빠뜨리지 않고 마지막에 꼭 물어보는 말은 아이들 영어.

"그래서 애들은 학교에서 영어는 알아듣는데? 거참 신통하네."

특히나 영어에 울렁증이 있는 사람들은 조그만 아이들이 하는 간단한 말도 신기해한다. 신통하기는 하지만 생각해 보면 그리 신기해할 일은 아니다. C의 경우 만 2세 반에 와서 만 4세 반이 넘어 한국으로 돌아갔으므로 언어를 배우기 시작하는 2년 동안 한국어와 영어를 병행한 셈이다.

나의 직업 정신으로 아이들의 언어를 열심히 관찰한 결과 이 시기 C의 영어는 사람들이 말하는 마법에 걸린 듯 마구 쏟아져 나오는 사람들이 기대하는 완벽한 영어는 아니다. 아이의 한국어와 마찬가지로 의사소통을 하는 데는 문제가 없지만 한국에서 기대하는 것만큼 '정확한 문법과 완벽한 발음'으로 부러운 영어를 마구 쏟아내지는 않는다. 그렇지만 제 나이에 맞게 'this, that'과 손가락을 이용하여 본인이 원하는 것을 집어내며 의사소통을 하고 그 나이의 여느 아이들과 마찬가지로 'I like~ I don't like~'를 많이 사용한다.

파닉스는 아이의 지적 수준에 맞게 소리 내고 특히 한국인들이 많이 오류를 범하는 'th'와 'r'발음은 정확히 구분하여 말했다. 물론 C에게는 s/th와 r/l 은 그냥 다른 것이지 무엇을 구분해야 하는 것은 아니다. C는 프리스쿨을 시작하고 처음 두 달 동안 입을 꼭 다물고 선생님이 주는 간식만 받아먹거나 구석에서 혼자 놀았었다. 그러기를 3개월쯤 지나서 C를 데리러 간 어느 날 오후, 프리스쿨 선생님 제나가 커다란 눈을 더 크게 굴리며 오늘 놀랄 만한 일이 있었다며 말을 꺼냈다.

"오늘 C가 드디어 손을 들고 말을 했어요. 매트타임(Mat Time: 매트에 둥그렇게 앉아서 이야기를 나누는 시간)에 색상을 알아보는 시간이었어요."

제나가 설명하는 상황은 이랬다.

제나 : 이거 무슨 색인지 말해 볼 사람?

몇 명 아이들: 손을 들며 제각기 색을 말한다.

그중 한 번도 손을 들지 않고 가만히 있던 C가 처음으로 손을 들자 제나와 트레이시가 한 번 마주 보며 놀란 표정을 짓고,

제나 : 그래, 그럼 C 말해볼까?

C : (조그맣게) pink.

제나, 트레이시: (마주보며 놀란 표정으로) 다시, 뭐라고?

C : Pink. It's Pink.

제나 + 트리이시: (완전 흥분하며) C가 방금 Pink, 게다가 It's Pink라고 한 거 들었지? 드디어 말을 했어.

위의 상황을 트레이시와 제나가 번갈아가며 속사포처럼 나에게 말했다. 제나는 감격의 눈물까지 글썽였다. 그 이후 C의 프리스쿨 뉴스에 "한국에서 온 아이 C, 드디어 말하다"라는 타이틀 기사까지 써서 문 앞에 자랑스럽게 붙여 놓았다.

사실 이날 제나의 '감동적인' 이야기를 들은 나는 애써 흐뭇한 반응을 보였지만 마음속으로는 다소 냉소적인 감정이 살짝 스치고 지나갔다. 영어가 특정 계층의 언어도 아니고 시간이 지나면 자연스럽게 받아들여져 금세 따라 할 거라고 믿었었다. 물론 C가 처음으로 입을 뗀

것에 대하여 진심으로 기뻐해주는 제나의 마음은 지금도 고맙다. 그렇지만 우리들의 모국어는 영어보다 훨씬 더 어렵다는 한국어가 아닌가. 한국어로 '분홍'이라는 말도 하는데 그보다 더 쉬운 '핑크'라는 말 한 마디가 '분홍'을 이겼다고 생각하니 설명하기 어려운 씁쓸함이 묻어났다.

C의 상황과 조금 다르기는 하지만 간혹 영어만이 언어라고 굳게 믿고 모든 사람이 영어로 말하기를 기대하는 콧대 높은 사람들도 의외로 많다. 그런 사람들에게 요즘 같은 글로벌 시대에 영어 하나만 해서 불편함은 없는지 언어의 소중함에 대하여 알고 있는지 묻고 싶을 때가 한두 번이 아니다. 이런 사람들에게 비하면 완벽한 한국어와 의사소통이 가능한 영어를 구사하는 우리가 훨씬 우세하다. 엄마의 이런 생각을 알아주어서일까. 우리 아이들의 영어는 완벽하지는 않지만 두 아이 모두 영어 때문에 스트레스를 받는다는 말은 단 한 번도 한 적이 없다.

'핑크'로 입을 뗀 C는 몇 달이 지나고 프리스쿨이 좀 익숙해지면서 좋아하는 것과 싫어하는 것을 분명하게 말하기 시작했다. 놀이터에서 그네를 타며 선생님에게 "Push, Push"를 연발했단다.

한국에서 어린이집이나 유치원 이전의 아이를 생각해 보자. 엄마는 자기 아이의 말을 다 알아듣지만 아이는 여전히 문법적인 오류나 불분명한 발음투성이다. 그런데 이 시기의 아이들이 한국어에 문법적인 오류를 범하며 말을 해도 엄마나 주위의 어른들은 아이가 무슨 말을 하는 것인지 정확히 다 알아듣는다.

C의 경우도 마찬가지이다. 앞뒤가 안 맞는 이야기들이 있지만 영어 실력과 상관없이 엄마인 나는 아이가 무슨 말을 하고 싶은지 다 알아듣고 C 역시 한국어, 영어 구분하지 않고 그냥 하고 싶은 말을 뿜어낸다. 영어를 처음 배우는 어른들처럼 일부러 발음을 굴리지도 않고 부정확한 발음 때문에 주눅이 들지도 않는다. 이런 아이들에게 영어는

학원에서 배우는 '공부'가 아닌 자신의 생각을 표현하는 '수단'인 셈이다.

그럼 J나 C보다 조금 더 머리가 큰 초등학생, 이들 조기 유학생들의 현재 상황은 어떠할까. 한국과는 확연히 다른 자유로운 환경에서 자유롭게 뛰놀며 현지인 발음이 확연한 영어로 한국에 있는 엄마들의 기대에 부응하게 향상되어 올까? 내가 생각하는 답은 '그건 사람마다 다름'이다. 보통 사람이라면 1~2년 안에 모국어 아닌 다른 언어를 완벽하게 소화하기란 어렵다.

한국에서 근무할 때 외국에서 일정 기간 체류한 후 귀국한 여러 아이들을 보았다. 기억에 남는 아이 중 한 명은 당시 초등학교 4학년이었는데 미국에 있는 이모네 집에서 몇 달 체류한 것이 전부임에도 불구하고 매우 자연스러운 영어를 구사하였다. 이 아이는 귀국 후에도 영어로 일기를 꾸준히 쓰며 재미를 붙여 수준급 이상의 영어를 구사했다.

반면 여러 명의 고학년 남자 아이들은 부모와 함께 1년 반에서 2년 이상 체류했음에도 불구하고 자신의 생각을 말하는 간단한 대화에서도 매우 당황하며 자신감 없이 겨우 더듬더듬 말하는 통에 현지에서 어떻게 정규 학교생활이 가능했었는지조차 의심이 들 정도였다.

이렇듯 외국에서 좀 체류했다고 하여 아이들의 실력이 확 늘어 오는 것은 아니다. 이는 개인차에 따라 확연히 다르다. 어떤 아이들은 1년 아니 몇 개월만 그 나라 언어를 익혀도 책에서 배운 틀에 박힌 언어가 아니라 흘러나오는 자연스러운 언어를 구사한다.

아이들이 아닌 어른들은 어떠할까? 이민 와서 그 나라에 오래 살면 그 나라 언어가 그냥 저절로 될까? 여행하며 만난 많은 한국 교민들 가운데 십수 년을 살았어도 여전히 뭔가 어색하고 본인도 자신의 영어에 스스로 주눅이 들어 있는 사람들이 대부분이었다.

그래서 나는 이들에게 나름대로 언어에 대한 두 가지 옵션을 제시

한다. 첫 번째 옵션은 영어를 조급히 한 번에 끝내려고 하지 말고 하루도 거르지 말고 자신의 방식대로 생활 속에서 꾸준히 익힐 것. 두 번째는 영어 이외에 이미 완벽한 한국어를 구사할 줄 아는 스마트한 사람이니 본인의 영어 실력에 주눅 들지 말고 좀 어눌해도 당당히 한국식 영어로 밀고 나갈 것. 선택은 그냥 둘 중 하나, 본인의 취향에 맞는 것을 고르면 되니 얼마나 쉬운지 모른다. 여건이 되는 사람은 둘 다 욕심을 부려도 좋다.

나는 첫 번째 옵션을 선택했고 거기에 두 번째 옵션을 머릿속에 심어 틈틈이 실력을 쌓고 이미 배어있는 자랑스러운 모국어, 한국어로 스스로 자신감이 충만해 있다. 영어에 자신 없는 사람들에게 나만의 '식상한' 이 옵션을 다시 한 번 제시한다.

"1번 아니면 2번이에요. 능력이 되면 1번을 실천하시면서 2번을 마음에 품고 다니세요. 영어보다도 배우기 어렵다는 한국어를 척척 구사하시잖아요. 아자, 아자, 파이팅!"

뉴질랜드 마트 평정

한국에서 내가 싫어하는 것 중의 하나가 마트에서 장보기이다. 마트에 가는 길부터가 일단 막히고 컴컴한 지하 아니면 지상 주차장까지 요리조리 곡선을 그리며 조심히 올라갈 때부터가 스트레스 시작이다. 게다가 주차할 곳이 없이 빙글빙글 돌거나 자리가 있어도 덩치 큰 차들 사이에 비집고 들어가는 고난도의 운전 기술을 요구할 때면 스트레스 지수가 더 올라가기 시작한다.

마트에서 식품을 쇼핑할 때에도 그리 즐겁지만은 않다. 일단 나는 요리에 소질이 없다. 남들은 별로 어렵지 않다고도 하고 할 때 되면 다 하게 된다는 뻔한 이론도 있건만 그런 건 나에게는 예외 사항이었던 모양이었다. 그러니 마트에 가도 반찬거리가 눈에 들어올 리가 없었다.

현지 직송이며 저렴한 가격을 붙여 놓은 과일, 채소, 고기, 생선 등은 나와는 상관없는 것으로 여기고 그냥 패스. 집에 와서 그냥 끓여 먹기만 하면 되는 팩으로 된 순두부찌개와 맛스럽게 소량 포장된 마늘장아찌가 나의 단골 쇼핑 리스트였다.

이렇다 보니 TV에 나오는 것처럼, 갓 결혼한 새댁처럼 김이 솔솔 나는 밥과 국 그리고 반찬을 한번에 '짠' 하고 차려본 기억도 가물가물하다. 직장 생활을 하던 때는 엄마가 해 주는 밥을 먹고 다녔고 결혼해서 J와 C가 생기기 전까지는 남편과 둘이 뭘 먹었는지 특별한 기억이 없다. 아이들 낳고는 살림이며 육아에 완전 초보인 조카의 아기를 봐주시러 오시는 이모들과 퇴직한 엄마가 번갈아 오시며 낮 시간에 우렁각시처럼 만들어 놓으신 찌개나 반찬에 마냥 감탄하며 먹었다. 주말은 아파트 앞 반찬 가게에서 당시 만 원에 서너 가지 밑반찬을 고를 수 있는 반찬 가게가 단골이었다.

이런 나였으니 나를 잘 아는 주변 사람들은 혼자 아이들 데리고 멀리 나간다니까 애들 밥은 잘 해 먹이려나 걱정을 했다. 그래서 전화 통화를 하다 보면 "밥은 잘 해먹니? 뭐 먹니?"라는 질문이 항상 나온다. 그런데 걱정 마시라. 여기 뉴질랜드에서의 마트는 딱 내 취향이다. 일단 주차 공간이 넉넉하고 한국처럼 사람이 많지 않으니 마트 가는 길이 부담스럽지 않다. 아침에 C를 유치원에 내려 주고 바로 옆에 있는 대형 마트를 한 번 걷는 것으로 아침 운동을 시작한다. 들어가는 입구에 있는 과일 채소 코너에서 뉴질랜드 제철 과일과 채소를 일단 구경하고 필요한 것을 구입한다.

한국에서 조그만 팩 안에 7~8개 들어 있는 만 원에 가까운 골든 키위를 크고 잘 익은 것으로 봉지에 넉넉히 담아도 한국 가격의 반도 안 된다. 다양한 종류의 제철 사과와 통통하게 익은 체리도 우리들의 '완소'아이템이다. 낙농국가답게 치즈 진열 칸도 스케일이 다르다. 브랜드, 종류별로 뽐내고 있는 골라먹는 재미가 쏠쏠한 치즈는 내 영수증에 꼭 찍혀 나오는 단골이다. 한국에서는 생선을 잘 구워 먹지 않았는데 자연 핑크빛이 도는 싱싱하고 통통한 연어(값은 생각보다 그리 싸지 않다) 토막도 자주 구워 먹는다.

관절염에 효과가 탁월하다는 초록잎 홍합(테두리에 초록색 띠가 살짝 있음)도 J, C와 큼직한 걸로 함께 골라 'Mussel! Mussel!'을 외치며 마치 중요한 바다 생물을 운반하는 양 집으로 고이 데려온다. 이런 말을 하면 대한민국 프로 주부들이 코웃음 칠 게 뻔하지만 한국에서는 거들떠도 안 보던 생선 코너에서 홍합을 사오는 내가 대견스럽다. 요리라 해봐야 잘 닦아서 그대로 찌거나 물에 넣고 끓이는 완전 왕초보 쿠킹 작업이지만 나에게는 이것도 큰 발전이다.

그뿐 아니다. 뉴질랜드의 넓은 들판에서 한가롭게 푸른 풀을 뜯으며 방목된 소(나는 채식주의자는 아니지만 고기를 그다지 좋아하지는 않는다)에게서 나오는 소고기도 그대로 맛볼 수도 있었다. 나처럼 많이 사지 않는 사람들을 위해서 굽기만 하면 되도록 작은 조각으로 소량 포장되어 있거나 혹은 완전히 다져서 나온 일명 '민스'까지 고기에 대해서 잘 모르는 나도 쉽게 손을 뻗쳐 쇼핑 카트에 담도록 해 놓았다.

종류별로 많은 잼과 디저트도 보기만 해도 달콤함을 느끼게 해주는 품목이었고 위에 좋다는 마누카 꿀(꿀에도 UMF +5,10,15 이런 식으로 등급이 있다. 수치가 높을수록 효과가 높다는 약꿀이란다)도 종종 카트에 담기는 쇼핑 품목이었다.

마지막 하이라이트는 마트 안의 베이커리. 빵이 주식이니 당연하겠지만 종류별로 갓 구워 나온 빵과 고소한 냄새의 파이는 나를 항상 갈등하게 하는 주범이었다. 나는 살찌는 일등공신, 탄수화물을 좋아한다. 맛있고 고소한 빵은 나에게는 절대 없어서는 안 되고 높은 당분으로 다시는 사지 말아야지 하고 결심하는 뉴질랜드 산 각종 잼들도 가급적 멀리해야 할 '적'이지만 살까 말까 연신 고민하다가 결국 카트에 담는다.

요리 방법도 내 체질에 맞다. 한국처럼 많은 양념과 어머니의 손맛을 어렵게 흉내 내야 할 필요도 없이 그냥 굽거나 삶거나 찌면 되는 쉬운 요리이니 한국 요리의 맛내기가 부담스러운 나에게는 그냥 딱이다. 간단하고 쉬운 요리로 아이들에게 엄마 노릇도 하고 아침 기운 을 느끼며 뉴질랜드 마트를 휘젓고 다닐 때면 그 기분이 먼 나라에서 온 이방인이 아니라 나도 이 동네 로컬(Local)인 듯 편안함마저 느낀다.

그렇지만 가장 나를 즐겁게 하는 것은 따로 있다.

"Today, I will give you a 10 of 10."

요즘 같이 보는 TV 호주 요리 경연대회 프로그램인 'My Kitchen

Rule'에서 나오는 대사이다.

대회 참가자들이 요리를 하면 심사위원들을 음식 맛을 보고 점수를 매긴다. 이 프로그램을 즐겨보는 아이들은 요즘 뭐 먹을 때마다 심사위원 말을 흉내 내며 나를 기쁘게 해준다.

"10점 만점의 10점."

난 10점 만점의 10점. 만점짜리 셰프다.

우리 아이들이 맛있다는데 더 이상 무슨 말이 필요할까.

"정말? 정말 그렇게 맛있어? 고마워!"

아이의 칭찬에 바로 넘어가 버린다.

그런 엄마의 기분을 놓치지 않고 나오는 J의 말.

"엄마. 그때 싸 갔던 초콜릿 맛 팬케이크, 그거 또 만들어주면 안될까요? 친구들이 다 부러워해요."

타이밍을 놓치지 않고 던지는 한마디에 생각해 볼 겨를도 없이 바로 대답하는 나.

"당연하지. 엄마는 백점짜리 셰프인데 그런 거 하나 못 해 주겠어?"

다음 날 아침, 평소보다 20분 일찍 일어나 밀가루를 풀며 살짝 후회한다.

"그냥 있는 걸로 대충 샌드위치 싸 줄걸. 아침부터 기름 냄새 맡기 싫은데. 이번에도 넘어갔어."

그래도 즐겁다. 못생긴 팬케이크를 먹으면서 행복해 할 내 아이의 모습이 떠오른다. 난 정말 요리도 잘하는 만점짜리 착한 엄마인가보다. 웃으며 시작하는 하루는 즐겁고 좋다. 오늘 하루도 즐겁게 보낼 것 같다.

핸섬 교복들의 섹시한 쉿~

처음 크라이스트처치에 도착하여 열심히 헤매고 다닐 때였다. 버스 안에서 내려야 할 곳이 어디인지 주위를 두리번거리며 차창 밖과 지도를 번갈아 보고 있었다. 하교 시간이었고 우리 뒤편, 버스 안의 마지막 줄에서는 교복을 입은 키가 훤칠한 남학생들 대여섯 명이 자유롭게 앉아서 10대 특유의 자유분방한 분위기로 농담을 주고받으며 낄낄거리고 있었다.

뉴질랜드 교복은 참 재미있다. 특히 고등학생의 교복은 단정하고 진한 컬러이면서도 은근히 눈에 띈다. 우리나라처럼 갈색, 검은색 계통이 아니라 진한 초록색, 진한 파란색 등에 옷깃 부분도 테두리 비슷한 장식도 조심스레 있고 각종 대회나 수상 경력이 있는 학생들은 배지 비슷한 것도 달고 다닌다. 절제되면서도 멋스러운 느낌이다(그런데 대부분 교복 값은 '헉' 소리 나게 비싸다). 키가 큰 금발머리의 남학생들이 반바지 교복 차림에 재킷을 걸치고 모델 포스로 지나갈 때면 나이를 잊고 주책없이 눈길을 주기도 한다.

하지만 그날 버스 안에서는 멋진 교복쟁이고 뭐고 내가 내려야 할 곳을 찾느라 그런 것은 눈에 들어오지도 않았다. 혼자 열심히 두리번거리다가 또 지난번처럼 다 지나쳐서 내리겠다 싶어서 하는 수 없이 열심히 대화중인 '교복쟁이'들에게 물어야겠다 싶었다. 그들은 정말이지 뉴질랜드 특유의 강한 악센트와 10대들의 속사포로 누가 끼어들 틈도 없이 큰 소리로 언어를 뿜어내고 있었다. 그들을 바라보며 '익스큐즈미'를 언제 할까 이제나저제나 기회를 엿보고 있었다.

그러던 중 그중 가장 잘생긴 남학생과 눈이 마주쳤다. 큰 소리로 말도 못하고 입 안으로 '익스큐즈미'를 말하자 내가 뭐라고 말하는 것을 눈치 챈 그는 한손으로 마구 떠들고 있는 친구들을 정리했다. '쉿'하며 친구들에게 사인을 주자 그렇게 쉴 틈 없이 말하고 있던 그들은 거짓말처럼 조용히 하고 일제히 나를 바라보며 하는 말, "Yes, Ma'am. May I help you?" 오 마이 갓. 정말 놀랐다. 살짝 물어보고 조용히 빠지려 했는데 모두 집중하게 만든 살짝 민망한 그 분위기를 아는지…….

내가 내릴 곳의 지명을 확실히 몰라 반복해서 말하는 동안에도 그들은 누구 하나 자기들 이야기를 시작하지 않고 내가 다 말할 때까지 기다려 주고 친절히 알려줬다. 나의 'Thank You', 간단한 감사 인사에도 모두가 다 한마디씩 제각기 "You're welcome, No worry. It's my pleasure."로 답했다.

만약 우리나라 지하철 안의 고등학생들에게 물었다면 어땠을까. 신나게 이야기하는 무리의 한두 명쯤이야 대답해 주겠지만 일제히 물어보는 아줌마를 바라보며 질문이 끝날 때까지 여유 있게 기다리고 내 감사 인사에 모두 다시 정중하게 응답해 주는 경우는 거의 없을 것이다.

작지만 또 다른 문화 차이를 확연히 느끼는 날이었다. 물론 모두가 다 친절한 것은 아니다. 또 모두가 다 그들처럼 잘 배운 매너로 응대할 것이라고 기대하면 안 된다. 동양인들 우습게보고 일부러 우리의 영어를 못 알아듣는 척하는 사람들도 있다. 그렇지만 대부분 부모들은 사람을 대하는 기본 매너를 가르치는 데에는 한국보다 엄격하다면 엄격하다.

아이들과 함께 자주 가던 수영장이 있었다. 수영장 한구석에는 문을 열고 들어가야 하는 소아용 수영 강습 레인이 따로 있다. 하교 시간에 엄마와 함께 온 많은 아이들이 수영 강습 시간에 늦지 않으려 수영복 차림에 맨발로 그 문을 열고 빠른 걸음으로 들어온다. 그러나 아무리 늦어도 뒤에 오는 사람들을 위해 그냥 들어가지 않고 한손으로 문을 잡아준다.

한번은 8살 쯤 되어 보이는 남자 아이가 J가 들어오려는데 J 앞을 아슬아슬하게 스치며 살짝 밀치고 들어갔다. 문도 잡아 주지 않고 들어서다가 J의 머리가 문에 부딪쳤다. 뒤에 따라오며 그 광경을 본 엄마는 너무 미안해하며 우리에게 사과하고 그 아이의 수영 강습이 시작되었는데도 그 앞에서 호되게 야단을 쳤다. 너무 심하게 야단치는 것 같아 옆에 있던 내가 미안해져서 괜찮다고 말하자 그 엄마는 딱 잘라 일축했다.

"He needs to learn a manner."

간단하지만 군더더기 없는 그 한마디였다.

지금 4살인 C와 C의 친구들은 어떠한가. C의 유치원 같은 반 친구들은 만 3세와 만 4세다. 이제 겨우 자기 말을 옹알옹알 하는 아이들이지만 내가 C를 데리러 갈 때마다 내게 와서 말을 할 때에도 제 이야기를 그냥 먼저 꺼내지 않고 항상 'Excuse me.'가 먼저 붙는다. 처음에는 조그만 것들이 'Excuse me.'붙이는 게 귀엽기만 해 보였는데 그건 특별히 잘 보이려 하는 상용어구도 아닌 그냥 기본 매너 'Excuse me.'그 자체일 뿐이다.

'익스큐즈미'에 노출되어 있는 C나 J도 마찬가지다. C가 집에서 내 앞을 지나 갈 때에 몸이 부딪칠 것 같으면 그냥 가지 않고 "삐삐~~익스큐즈미, 맘."을 말하며 몸이 부딪치지 않게 살짝 피해 지나간다. 이럴 때는 어떤 언어 교육보다도 성과가 느껴지는 순간이다. 나이와 상관없이 사람 그 자체로 상대방을 배려하는 교육이 얼마나 중요하지 이 사회에서 하루하루 느끼게 된다.

보기만 해도 예쁜 아이들의 '익스큐즈미'를 들을 때, 처음 보는 사람이 내가 들어가려는 문을 잡아주는 '배려의 2초'에 아무리 우울한 날이라도 한순간에 상쾌함을 느낀다.

나도 오늘은 다른 사람에게 '배려의 2초'를 상쾌하게 뿌려 줄 곳이 있는지 잘 찾아 봐야겠다.

단 2초의 매너. 이건 정말 아무나 할 수 있다. 지금 자리에서 일어날 때부터 당장 실천할 수 있다. 지금 문을 열고 나가면서부터 뒷사람을 한 번 돌아봐 주기만 하면 되니까.

NZ 엄마들의 운동 삼매경

9시가 좀 넘어서 YMCA Leisure Center 앞을 지나가면 자주 보는 광경이 있다. 쌀쌀한 날, 장갑에 목도리까지 두르고 엄마 손을 잡고 차에서 내리는 2~3세 아이와 유모차 안의 파랗고 동그란 눈을 깜빡이며 팔다리를 휘젓는 아이. 이들이 향하는 곳은 엄마가 운동하는 동안 아이들이 놀며 엄마를 기다리는 운동센터 안의 어린이(아기)전용 플레이룸이다.

그냥 가도 자리가 있으면 들어갈 수 있지만 정원 수 제한이 있으므로 대부분 사전 예약을 하고 간다. 하루 종일 맡길 수는 없고 1시간 30분에서 2시간가량 엄마가 운동 스튜디오에서 그룹 운동에 참여하거나 열심히 땀 흘리며 헬스기구를 다루는 동안 아이들은 덩치부터 푸근해 보이는 스텝들과 함께 집에서 가져 온 간식을 먹거나 놀이를 하며 시간을 보낸다.

직장을 갖지 않고 집에서 육아에 전념하는 엄마들은 프렙스쿨(유아전용)에 보내지 않으므로 자신이 직접 아이를 돌보거나 주 1회 엄마와 함께 가는 지역에서 운영하는 플레이그룹(도네이션 혹은 5달러 등 매우 저렴한 비용)에 가는 경우가 많다.

한 시간을 떨어지더라도 '쪽쪽' 소리 나는 키스와 '다링~ 스윗~'을 외치며 보내 준 후 검은 색 레깅스 차림에 나이키 신상품 형광색 운동화 끈을 다시 잘 묶고 비장한 표정으로 음악 소리가 쩌렁쩌렁 귀에 울리는 스튜디오로 향한다. 물론 운동하는 도중 아이 돌봐주는 스텝의 긴급 호출을 받고 달려 나가는 경우도 많다. 그러나 대부분 아이를 맡긴 그 순간부터는 CF에 나오는 것처럼 건강미 넘치는 파워풀 포스와 땀으로 살짝 젖은 신상 운동복을 입고 불타는 눈빛으로 말을 붙이기도 어렵게 운동에 집중한다. 실내 운동뿐이 아니다. 운동을 너무나 사랑하는 극성 운동 엄마들을 보며 운동 좋아하는 나도 뒤로 넘어가게 놀란 적이 여러 번 있었다.

남섬 여행 중에 본 광경이다. 눈앞에 펼쳐진 호수와 산등성이로 경치는 정말 좋지만 굴곡과 낭떠러지가 제법 있는 길을 조심스럽게 운전을 하고 있었다. 초긴장 상태로 운전하며 정상에 올라가서 숨을 돌리며 차를 세웠다. 그런데 거기서 나를 경악하게 하는 광경이 눈에 띄었다.

차로도 멀미나게 올라오는 그 길 꼭대기에 차를 세우고 트렁크에서 뭔가를 꺼내서 조립하기 시작하는 용감한 NZ 엄마들. 엄마의 산악자전거와 그 뒤에 달린 아이의 보조 좌석이 눈에 들어왔다. 아이의 자전거는 낮은 세 발 자전거로 양쪽에 깃발도 달렸다. 엄마가 타는 자전거 뒤에 연결해서 달릴 모양인가보다. 세상에, 자전거 타며 그 길을 올라오는 사이클 리스트들도 대단하다 여겼는데 그 뒤에 아이까지 달고 달리겠다니. 철인 삼종 경기가 따로 없다. 아니 그보다 더한 것 같다.

정상의 한 귀퉁이에 차를 세우고 커봐야 유치원생쯤 돼 보이는 아이들과 함께 하이킹을 본격적으로 시작하려 장비를 조립하는 용감한 철인 엄마 부대. 이들은 뒤에 속속히 도착하는 엄마들과 여유 있게 포옹으로 인사를 하고 들고 온 커피까지 마시면서 신나게 수다를 떨며 자전거 조립을 마쳤다. 대장 엄마와 그녀의 아이가 헬멧과 햇빛 차단용 고글까지 착용하고 탑승하자 그 뒤를 이어 다른 엄마들도 준비를 마치고 출발 대열에 섰다. 그 광경을 보고 있던 나는 그들이 대체 어디까지 가는지 내 눈에서 사라질 때까지 가만히 서서 바라만 보고 있었다.

여기 아이들은 학교 다닐 때부터 여학생들도 하키, 넷볼 등의 스포츠를 즐겨 하는 것을 알고는 있었지만 나와 같은 아이 엄마들이 조금만 달려도 다리에 힘이 빠질 것 같은 험한 길에서 아이까지 싣고 간다니 나는 그날 적지 않은 충격을 받았다. 평소 내가 슬슬 다니는 운동 센터는 그녀들에 비하면 운동도 아닌 듯싶었다. 그녀들의 운동 사랑에 박수를 보내야 할지 아니면 아이들의 자전거에 그 험한 길이 위태로워 보인다고 조심히 다니라고 말려야 하는 건지(물론 내가 말린다고 안 갈 건 아니지만) 한참 생각하다 꼬불꼬불 산길을 운전해서 조심히 내려왔다. 한국에서 그 엄마들의 출발 장면을 보았다면 인터넷에 실시간 검색어로 뜨지 않았을까?

나도 체력이 된다면 거기 같이 끼어 보고 싶건만 우선은 그럴 만한 다리 힘도 없고 한국의 가족들이 그 장면을 보았다면 아이 싣고 달리는 그런 위험한 운동은 그만하라며 모두들 말릴 텐데 말이다. 그러고 보면 뉴질랜드 여자들은 체력도 무척 세거니와 고집도 황소고집 못지않게 센 것 같다.

게다가 여성 참정권도 세계 최초라고 하니 비단 운동만이 아닌 여성 파워가 남다른 나라임이 틀림없다.

대체 누가 신고한 거야

뉴질랜드에서 종종 눈에 들어오는 형광색 재킷과 자전거를 타고 거리를 누비는 그들. 바로 포스트맨(포스트우먼)이다. 남자들도 있지만 내 눈에는 포스트우먼들이 눈에 많이 띄었다. 그냥 걸어 올라가기도 숨을 고르는 그 길을 그녀들은 단련된 탄탄한 다리로 자전거 페달을 힘차게 밟으며 단숨에 올라간다. 집 앞의 포스트 박스에 두툼한 편지 봉투를 쏙 넣고 다시 페달을 밟는 그 모습이 어찌나 멋있어 보이는지. 자전거로 배달할 수 없는 택배 박스는 빨강과 노란색의 조화를 이루는 밴(한국으로 말하면 봉고차)에서 내려져 목적지에 맞게 척척 배달된다.

처음 뉴질랜드에 와서 우리 집 메일 박스에 꽂혀 있는 편지 봉투를 보고 내용물과 상관없이 누군가 나에게 무엇을 보내주었다는 생각에 그저 반가웠었다. 잘 봉해진 봉투를 뜯을 때의 그 느낌. 그러나 그 설렘도 오래 가지 않았다. 우리 집에 배달되는 대부분의 봉투는 돈 내라는 고지서가 대부분이었기 때문이었다. 그도 그럴 것이 클릭 한 방이면 바로 도착하는 이메일이 있는데 한국에서부터 비행기를 타고 오는 편지는 당연히 있을 리가 없고 뉴질랜드 안에서 나에게 특별히 편지 보낼 사람이 없으니 특별히 기다려지는 반가운 내용의 우편물이 있을 일이 없었기 때문이다. 고지서 외에 이따금씩 오는 은행에서 보내주는 잔고 확인용 메일과 각종 마트의 전단지가 전부였지만 그래도 J와 C는 집에 들어오면 집 앞의 우편함을 서로 열어보겠다고 5미터 거리의 우편함까지 총총거리며 신나게 왔다 갔다 했다.

어느 날 오후, 신나게 우체통에 다녀 온 J의 손에 누런 봉투가 들려 있었다. 수신인이 찍혀있지 않는 이런 봉투는 대부분 기관이나 단체에서 보낸 것인데 뉴질랜드 시민도 아닌 우리에게는 특별한 내용을 알릴 일도 없으므로 좋은 내용으로 이런 우편을 보낼 리가 없었다. 반갑지 않은 그 봉투를 뜯으니 공공기관 특유의 무게가 느껴지는 정중한 편지와 함께 벌금 고지서가 얌전히 놓여 있었다.

여기는 한국과 운전석이 반대이고 시속 50Km여서 특히 조심해야 한다. 나를 긴장하게 하는 좌회전은 좌회전을 하기 전 흰색 선 앞에 얌전히 서서 3초 이상 깜빡이 신호를 보내고 들어가야 하는데 한국의 좌회전에 익숙하고 더욱이 차도 없는 길에서 그냥 진입했다가 어딘가에서 보고 있던 경찰 혹은 파파라치에게 증거까지 잡혀 며칠 만에 집 앞의 우체통에 당시 상황과 벌금 고지서가 날아들면 가슴을 쓸어내리며 우체국이나 은행에 가서 140불을 고스란히 결재해 주어야 한다.

물론 본인이 아니거나 말 못할 억울한 상황이면 직접 편지를 쓰거나 보낸 곳에 연락하여 조정하는 절차가 있긴 한다. 그러나 대부분 집까지 고지서가 날아왔을 때는 확실한 증거가 있는 상태이거나 경찰이 직접 현장을 보고 작성한 것이므로 길게 끌지 말고 벌금을 내고 그냥 잊어버리는 것이 스트레스를 덜 받는 방법이다.

벌금도 우리나라처럼 3만 원, 좀 센 것은 5만 원짜리도 아닌 13만 원 가량 하는 140불짜리 딱지라니. 외국 나와서 다른 것 돈 아끼다가 이런 것에 벌금으로 거금을 지출하면 허망하기 짝이 없다. 아무리 조심을 하더라도 한국과 반대 방향으로 움직이는 운전시스템에 나도 모르게 한국 방식으로 손이 저절로 움직여서 벌어지는 일은 누구를 탓할 수도 없다.

그런데 며칠 전에는 정말 너무나 억울한 벌금 고지서에 혼자 흥분한 일이 있었다. 장을 봐온 식품을 냉장고에 넣어 놓고 곧바로 다시 나갈 생각으로 집 앞에 잠시 차를 세워놓고 서둘러 다시 나와 보니 핑크

빛의 제법 긴 종이가 내 자동차 와이퍼 사이에 바람에 펄럭이며 끼워져 있었다. 처음에는 광고지인 줄 알고 손으로 휘익 잡아 빼는데 눈에 띄는 종이 끝자락의 바코드가 보인다.

'바코드라……, 그건 분명 돈 낼 때 쓰는 스캔용 바코드인데. 불안하게 이건 또 뭐야.'

깨알 같은 글씨를 읽어 보니 결국 주차 위반 딱지였다. 그것도 어쩌다 차가 지나가는 우리 집 앞에서 도대체 뭐가 잘못된 걸까 하고 읽어 보니 보행자용 도로를 방해했단다. 왜? 뭐가 문제일까? 게다가 이 길을 가장 많이 이용하는 보행자는 다름 아닌 나인데. 주요 보행자인 난 전혀 불편함 없이 집 안에 들어갔다 왔는데 무슨 이유가 있을까. 게다가 잠깐 집에 들어갔다 온 그 틈에 이렇게 날씨도 좋은 날씨가 여기까지 와서 딱지를 끊고 언제 사라졌을까.

혹여나 근처에 경찰차라도 세워져 있으면 당장 물어볼 요량으로 주변을 둘러보았지만 주위에는 아무도 없고 평온한 바람과 신나게 지저귀는 새소리만 들릴 뿐이었다. 차라리 시내에서 버젓이 주차 위반을 했으면 이유나 알고 억울하지도 않았을 텐데 내가 아는 거라고는 우리 집 앞에 얌전히 차를 대놓고 집 안에 들어가서 냉장고 안에 우유와 야채를 넣고 온 것밖에 없었다. 다른 때 같으면 벌금고지서를 보기 싫어서 얼른 내 버렸지만 이번 것은 무슨 착오가 있거나 벌금 딱지 발행한 사람이 착각했다고 단정 짓고 이번에는 공공기관을 상대로 단단히 컴플레인을 하리라 마음을 먹으며 집 안에 들어가 카메라를 가져와 차와 벌금 종이가 펄럭이는 모습을 찍어 두었다. 조심스레 이 무죄 증거물을 컴퓨터로 한 번 더 옮겨놓고 이웃들에게 조언을 구했다.

"난 정말 요렇게 얌전히 차 놓고 집에 들어갔다 온 것밖에 한 일이 없어요. 그런데 이렇게 벌금고지서가 와이퍼 사이에 끼워 있는 거 있죠? 대체 누가 뭣 때문에 신고한 거야? 집 앞에 차 세우면 안 되나요? 사진도 찍어 놨으니까 그거 들고 가서 교통과 가서 말하면 발행한 거 취소해 줄까요?"

확신에 찬 목소리로 말하는 나에게 맞은편에 사는 스티븐이 천천히 물었다.

"물어 보는 거야 당연히 되지. 컴플레인 레터 쓰는 거도 되고. 그런데 그걸 쓰기 전에 차를 어떻게 세웠는지 다시 정확히 생각해 봐. 혹시 바퀴가 도로에 올라오진 않았어?"

그 말을 듣는 순간 '아차' 했다. 생각해 보니 스티븐의 말처럼 그런 것 같았다. 그리고 아니길 바라면서 손 안에 있던 카메라의 전원을 누르고 찍은 사진을 확대해서 보니 정말 스티븐의 말처럼 앞바퀴가 도로에 살짝 걸쳐져 있는 것이 아닌가.

문제의 내 차는 덩치가 큰 스테이션왜건이다. 게다가 우리 집 앞 보행자용 도로는 다른 곳보다 살짝 낮아서 그날 주차할 때 차를 바짝 대어서 차바퀴가 도로 턱에 닿아 살짝 둥실거렸던 것이 생각났다.

"아, 맞아. 그날…… 음, 그런 것 같기도 하고……."

확신에 찼던 내 목소리는 점점 기어들어가며 말을 얼버무렸고 얼굴은 당황함을 감추려 아무렇지도 않은 표정을 지으려고 애써 노력했다. 이러한 침착한 모드도 잠시일 뿐 다시 점점 흥분 모드로 변했다.

"음, 정말 사진을 보니 그렇기도 하지만…… 어…… 뭐…… 그래도 ……. 그런데 뭐 이런 거 가지고 딱지를 다 끊는대요? 차로 가로막은 것도 아니고, 바퀴 좀 올라왔다고. 그것도 내 집 앞에서. 아, 암튼 억울해."

너무나 당연한 것을 가지고 혼자 억울하다고 고개를 젓는 나를 바라보며 마음씨 좋은 이웃들은 애써 미소만 지어 줄 뿐 아무 말도 하지 않았다.

그날 이후로 나는 주차 위반 판별 전문가가 되었다. 동네에서도 쇼핑센터에서도 버스 정류장 근처에 잠시 서있는 차들도 나의 걱정거리 대상이 되었다.

"어, 저거 봐, 어떻게 해. 저 차도 바퀴 닿아 올라왔어. 이제 저 차도 딱지 붙을 신세인데. 가서 조심하라고 말해줘야 하는데."

이런 걱정거리는 멈추지 않고 한동안 계속 되었다. 내 눈에는 살짝 주차선 밟은 차부터 도로에 바퀴가 아슬아슬하게 걸쳐져 있는 차까지 다양하게 불법 주차된 차들만 눈에 들어왔다.

그런데 사실 벌금보다 더 찜찜한 것이 있다. 한적히 드문 곳에서 무언가를 위반했다고 벌금고지서가 날아들 때면 분명 아무도 없다고 생각했는데 누군가 나를 보고 있었다는 사실에 문득 두려운 생각이 든다. 주위를 둘러봐도 이름 모르는 덩치 큰 새들과 가끔 걸어 나오는 푸키코들일 뿐. 얘들이 감시하나? 새대가리라고 무시했건만.

자꾸 생각했더니 그 끔찍한 바코드 벌금 고지서가 떠오르며 머릿속을 괴롭힌다. 우울한 이야기는 이제 그만.

"뉴질랜드에서 차 다루실 때는 보고 또 보고 천천히 잘 생각합시다. 특히 머리, 손, 발을 함께 잘 움직이세요. 똑바로 못 하시면 지갑을 많이 여셔야 합니다."

Love You, NZ Coffee

내가 흠뻑 빠진 뉴질랜드 커피. 맛난 커피가 있다는 곳이면 단숨에 달려가는 나. 뉴질랜드에 오기 전에는 이 나라 커피가 그리 맛있는 줄 몰랐다. 최대의 장점을 꼽으라면 어디를 가나 비슷한 수준의 커피가 나온다는 점이다. 물론 카페마다 차이는 있지만 분명한 점은 한국에서 아르바이트생이 대충 담아다 주는 정체불명의 커피는 확실히 없다는 점이다. 한국에서 5000원 가까이 주고도 맛없는 커피를 받았을 때의 기분이란 꼭 눈 뜨고도 사기를 당한 기분이다.

남섬에서 내가 즐겨 가던 커피 집은 크라이스트처치 시내에 진입하기 바로 전에 위치한 꼬꼬닭 그림이 크게 그려진 카페이다. 처음에는 이 집이 그리 유명한 집인 줄 모르고 시내 가는 길에 가끔 들러서 커피를 마셨는데 가만히 보니 사람이 유독 많았다. 손님들도 관광객이 아닌 대부분 동네 사람들이다. 일요일 아침이면 유모차에 얌전히 앉은 아기들부터 온 가족이 나와 브런치를 먹는 통에 구석 자리라도 나기를 기다려야 할 때가 많았다. 이 카페에 갈 때마다 파킹 자리가 없어서 몇 바퀴 돌다가 어리바리하며 차 없는 사이에 그냥 지나갔다가 신호 위반 무서운 벌금 고지서의 쓰라린 경험도 있지만 이 집 커피의 그 풍성한 커피 향내는 잠자리에서도 혀끝으로 느껴질 만큼 나는 어느새 NZ 커피 마니아가 되었다.

남섬과 굿바이 한 후에 북섬에서 자주 애용하게 된 곳은 우리 동네에서 멀지 않은 곳의 프랑스 빵 가게인데 이곳의 볼 사이즈(거짓말 조금 보태면 커피 잔이 거의 내 얼굴 반 크기) 라떼를 한 잔 시키면 웬만한 한 끼 식사가 될 정도로 배가 부르다. 여기에 치킨이 들어간 샌드위치 하나를 추가하면 씹을 때마다 느껴지는 프랑스 빵 특유의 담백함과 치킨샐러드의 완벽한 조화는 정말 만족스럽다.

좋아하는 카페는 여러 곳이 있어서 모두 다 나열할 수는 없지만 내가 가장 많이 가는 빈도수로 꼽으라면 단연 '맥 카페'이다. 착한 가격에 장시간 눈치 보지 않고 앉아 있을 수 있는 곳, 맥도널드의 맥 카페. 단돈 5불이면 미디엄 사이즈의 커피와 머핀, 데니쉬 등 간단한 베이커리 한 가지를 고를 수 있다. 게다가 전문 바리스타가 바로 커피를 만들어 원두 향을 솔솔 풍기며 유리 커피 잔에 담아 자리까지 가져다준다. 미리 내려놓은 커피를 종이컵에 따라 주는 인스턴트커피가 아닌 라이센스 전문 레스토랑 수준이다. 우리나라 맥도널드에도 맥 카페가 있기는 하지만 이런 전문 바리스타 수준은 아니다. 그래서 이곳의 주말과 점심시간에는 사람이 많아 붐비기도 하지만 내가 가는 한가한 시간 Off Pick(대략 이른 점심시간), 이 시간에는 천천히 출근하는 사람들, 친구와 브런치를 먹으며 사업 이야기, 아이들 이야기를 하는 사람들까지 시끄럽지 않고 조곤조곤 이야기하는 분위기가 나에게는 안성맞춤이다.

내가 여기서 하는 것은 일단 커피 좀 마셔 주고 좋아하는 초콜릿머핀을 입에 넣고 일단 음미한 후 가방 안에서 노트를 꺼내며 여유 있게 메모 작업에 들어간다. J와 C가 함께 있으면 아무래도 집중력이 떨어지므로 J, C가 없을 때는 가급적 나만의 '리스트' 작업을 한다. 내가 카페에서 하는 리스트 작업은 할 일과 하고 싶은 일을 주르륵 쓰고 순서를 정하여 번호를 매기는 일이다. 사람이 살면서 누구나 순간순간 무슨 일이든 하며 시간이 가기 마련이므로 내가 이런 것을 한다고 하면 뭐 그리 당연한 일을 자랑하느냐며 반박할 수도 있겠지만 나는 일을 하면서도 무엇을 하는지 모를 정도로 정신없이 바쁘게 하는 것과, 똑같이 바쁘지만 내가 무엇을 하고 있는지 정확히 알고 일을 하는 것과는 많은 차이가 있다고 믿는다. 더군다나 나는 특별히 일기를 쓰지 않으므로 카페에서의 '리스트 작업'은 나에게는 일기 이상의 효과가 있다.

또한 나 같은 타입은 감성지수의 변동이 많은 자기 전이나 늦은 밤보다는 해가 말짱히 떠 있는 낮 시간이 비교적 사리 분별이 잘 되고 좋은 아이디어가 마구 쏟아져 나올 때이므로 이런 낮 시간을 적극 활용하여 할 일을 생각하고 중요한 일을 차분히 메모한다.

리스트를 만들며 생각하다 보면 다닥다닥 붙어있는 맥 카페 테이블 사이에서 옆 사람들의 이야기도 종종 듣게 되는데 처음 들어보는 영어 표현이나 단어들이 들리면 들고 간 노트북이나 전자사전에서 단어를 찾아내 영어 노트에 기록하는 것도 잊지 않는다. 카페에는 혼자 온 사람들도 많으므로 자연스럽게 이야기의 물고를 트이게 되면 이런저런 이야기를 하다가 시간이 훌쩍 가버리기도 한다. 성별을 가리지 않은 즉석 이야기 상대를 만나는 셈이다. 이런 것이 여행의 묘미가 아닐까.

사람들의 이야기 외에도 이들의 행동을 관찰하는 것도 무척 흥미롭다. 특히 맥 카페 같은 곳은 한국처럼 어린 아이들을 동반한 가족들이 많이 오는데 어린 아이와 함께한 가족들이 오면 나도 모르게 더욱 유심히 살피게 된다. 이들을 바라보는 나의 시선은 그들 안에서 나를 발견하기 위함이다. 자신과 비슷한 조건은 좋은 모델이 된다. 아이들 앞에서 부부가 서로를 존중하며 대화하는지, 엄마가 아이에게 무심코 신경질적인 태도로 말하지는 않는지, 아빠는 아이들을 엄마에게만 맡기고 방관하지 않는지, 아이들은 부모에게 예의바르게 말하는지, 먹고 난 자리를 가족들이 함께 정돈하는 모습 등은 나에게 좋은 롤 모델이 된다. 그들의 모습 하나만 봐도 어떤 분위기의 가정인지 짐작이 간다.

내 눈에 비친 그들을 바라만 보는 것만으로도 짧은 시간이지만 강한 메시지가 머릿속에 전달된다. 나도 아이들에게 재촉하듯 말하지는 않는지, 아이들이 혼자 할 수 있는 것도 과잉보호하며 하나부터 열까지 챙겨주지는 않는지, 아이들이 말하는 것을 끝까지 다 듣고 나서 해결 방안을 제시하는지 등은 사소하지만 나에게도 해당되고 아이들을 키우는 모든 엄마들에게 해당되는 사항이다.

이렇게 바로 옆 테이블, 그들의 모습은 먼 나라의 외국인 가정이 아닌 나와 같은 아이템을 가진 동료들 같다고나 할까. 같은 아이템을 어떻게 소화하는지 슬쩍슬쩍 들여다보아도 벤치마킹이 되니 이보다 더 좋은 수업이 어디 있을까? 5달러짜리 커피세트에 삶의 모델 제공까지. 정말 가격 대비 만족스럽다. 한국에 돌아가서도 이렇게 좋은 아지트를 찾아야 하는데 이럴 때는 여기 이곳이 살짝 아쉽다.

"알려드립니다.
커피 맛나고 좋은 아지트를 아시는 분은 이 엄마에게 꼭 연락해 주세요.
커피 한 잔 쏩니다."

TV 속의 NZ 너도 봐봐. Fun TV 광고 

뉴질랜드의 TV 광고 중 우리나라에서는 보기 어려운 슈퍼마켓 세일 광고가 종종 나온다. 집 앞의 포스트 박스에 슈퍼마켓 전단지가 꽂혀 들어오기도 하지만 TV에서도 그 주에 세일하는 품목이 나오니 무척 흥미롭지 않을 수 없다. 우리나라로 치면 프라임 시간대에 몸 값 비싼 연예인 얼굴 대신 과자, 음료수, 베이컨, 버터, 파스타 등 뉴질랜드 사람들이 즐겨 사는 먹을거리와 기타 생활용품 등이 실물과 함께 격양된 억양의 성우 목소리로 TV 화면을 가득 차지하며 등장한다. 한국 TV 광고의 잘생긴 연예인들에게 길들여진 우리에게는 아주 재미있는 장면이다.

다른 광고들도 대부분 마찬가지이다. 화장품 광고나 값이 제법 나가는 글로벌 제품을 제외하고는 대부분 어디서나 볼 수 있는 전형적인 뉴질랜드 사람들이 나와서 상품을 광고한다. 사람이 등장하는 경우에도 광고 제품의 어떤 면을 강조해서 말하고 싶은지 상품 위주로 군더더기 없이 광고한다. 상품보다 연예인 잘 빠진 몸매나 얼굴이 지나치게 강조되는 우리나라와는 사뭇 다르다. 좀 더 다르게 표현하면 우리나라 TV 광고가 상품 자체보다 그 외의 상품과는 직접적 관계가 없는 예술적인 면이 강하다면 이 나라 광고는 단순하면서도 딱 필요한 부분을 말하는 실생활 위주의 광고가 많다고나 할까.

이러한 광고 추세는 한인 사이트도 예외가 아니다. 한인 사이트에 종종 나오는 세일 품목을 보면 식품 위주나 음식점에서 반짝 세일을 광고하는 경우가 많고 나도 세일 품목을 확인하고 사러 가므로 이번 주의 세일 품목은 무엇인지 은근히 기다려진다.

공익 광고도 많은데 그중 음주운전이나 과속으로 인한 사고는 처참한 광경까지 실감나게 연출하여 아이들과 보고 있으면 나도 모르게 아이들 눈을 가릴 정도로 확실하게 표현한다.

광고 중 우리나라 상품도 종종 나온다. 그중 기억나는 것은 모 기업의 자동차 광고인데 새 차가 기분 좋게 팔려 운송 준비를 마치자 작업복 차림의 한국 여직원이 마지막 서비스를 하려는 순간 이미 차를 실은 배가 출발해 버린다. 차가 실려 나가는 것을 보고 이 직원은 선박에 실린 차량을 따라 죽을힘을 다해 바다 건너 헤엄을 쳐 따라가는 모습이었다. 자동차를 따라 잡으려는 사람들의 표정과 차를 줄줄이 따라가는 그 광고가 너무 재미있어서 보았는데 우리나라 기업의 차 광고인 것을 보고 참으로 뿌듯했다. 실제로 광고 속의 여자는 한국인인 것으로 알려져 있다.

광고 속의 Made in Korea도 눈여겨보면 꽤 많다. 우리나라 기업의 직접적인 광고도 있지만 뉴질랜드 브랜드 광고 속에서도 슬쩍 보이는 우리나라 브랜드도 많다. 길을 가다가 보이는 우리나라 기업의 로고도 무척 반갑다.

그런데 이렇게 즐겁고 재미있는 광고도 있지만 보기 싫은 광고도 있으니 그것은 바로 머릿니 제거 샴푸 광고였다.

내가 초등학교 2학년 때 같이 앉기 싫은 남학생이 머피의 법칙처럼 내 짝이 되었다. 안 그래도 싫었는데 더 기절할 만한 일이 있었다. 그것은 바로 머릿니. 얼굴도 항상 지저분하게 하고 다니고 땀 냄새가 가득한 티셔츠만 입고 다녀서 되도록 멀리 앉았었는데 내 짝의 머릿속에서 우연히 보게 된 정체불명의 갈색 벌레를 보는 순간 짝에게 더욱 열어 줄 마음도 없이 선생님께서 언제 짝을 바꾸어 주시나 오로지 그날만 기다렸었다.

물론 요즘은 머릿니는 흔하지는 않지만 옮기기는 무척 쉬우므로 어린이집이나 유치원, 학교에서도 간혹 머릿니 주의보 안내장이 나가기도 한다. 그렇게 알고 있었던 머릿니. 그런데 뉴질랜드 TV광고를 본 순간 머릿니에 대한 모든 기억이 후루룩 실타래 풀리듯 생생히 떠오르며 내 머리마저 가려운 것이 아닌가.

'무슨 이런 걸 다 광고를 해? 이 생기면 조용히 집에서 해결할 일이지.'

그런데, 며칠 후 우려했던 일이 벌어졌다. 딸아이 머리가 간지럽다고 하는 것이다. 머리는 간지러울 수도 있으니 대수롭지 않게 여겼다. 머리를 잘 감겨 말린 후 정성스럽게 빗질을 해서 등교를 시켰다.

그날 오후, 학교에 가자 Yumi 엄마가 물었다.

"J는 괜찮아요? Yumi랑 Lisa는 어제 학교 갔다가 선생님이 집에 보내서 집에 샴푸 다시 하고 갔는데……."

눈을 동그랗게 뜨고 이유를 모르겠다는 표정인 나에게 Yumi 엄마가 한 말은 바로 '머릿니'였다. 반에서 같은 그룹인 아이들이라 머리를 맞대고 공부를 하는 경우가 많아서 한 명이 생기면 나머지 아이들도 금방 옮는단다. 이미 학급의 절반 정도 머리에서 머릿니로 보이는 '증거물'들이 나와서 엄마들이 비상이라고 한다. 그 이야기를 듣는 순간 갑자기 내 머리도 근질근질한 것 같았다. 으악. 내가 정말 혐오했던 머릿니가 우리 애들 머릿속에 있을 수 있다니. Yumi 엄마 말로는 자신의 경험으로 볼 때 Yumi와 붙어서 지내는 J에게도 있을 확률이 'Pretty Sure'란다.

그날 오후 집에 돌아온 J를 붙들고 머리카락을 한 올 한 올 뒤지기 시작했다. 머리숱이 얼마 없는 C도 예외는 아니었다. 앉은 자세가 갑갑하다는 C와 J를 억지로 누르며 한 올 한 올 넘겼다. 아 그런데 이게 웬일인가. 내가 혐오했던 그 갈색벌레가 나를 비웃기라도 하듯 J의 머리에 얌전히 자리 잡고 있는 게 아닌가.

머릿니를 본 순간 손 떨림과 기막힌 한숨이 절로 나왔다. 그리고 이걸 정말 내 손으로 눌러 잡아야 할지 어찌 해야 하는지, 놓치면 다시 머리를 뒤져야 하는데 하는 순간 분명 눈앞에 있던 머릿니가 내가 잠깐 고민하는 사이 금세 사라졌다. 아, 이런. 머릿니를 너무 우습게 봤다. 나의 손놀림이 멈추어지고 한숨을 쉬는 것을 눈치 챈 J가 물었다.

"엄마, 나도 머리에 lice 있어요?"

"어…… Maybe……. 아니 Maybe가 아니라 있어."

"Yumi도 그거 있어서 집에 가서 샴푸하고 왔어요. Yumi가 그러는데 샴푸하면 Gone이래요. Green 컬러에 Smell도 Good이라는데요."

J는 나보다도 많이 알고 있었다. 일단 도망친 머릿니는 잠시 J의 머릿속에 가두어 두기로 하고(하도 눈을 부릅뜨고 뒤져서 다시 또 뒤질 힘도 없었다) 그 길로 당장 동네 약국에 갔다. 푸근한 차림의 나이 지긋한 할머니 점원이 와서 찾는 것이 있냐고 묻는데 선뜻 말이 안 나왔다. 대답을 하지 못하고 머뭇거리고 있는데 눈이 밝은 J와 C가 점원의 말에 손가락으로 진열장에 있는 광고에서 본 머릿니 샴푸를 손가락으로 가리켰다.

상황을 눈치 챈 점원이 웃으며 하는 말했다.

"창피해 할 필요 없어요. 여기서 머릿니는 자연스러운 거니까."

사용법도 친절히 알려준다. 아이들뿐 아니라 나도 반드시 같이 해야 한 번에 '박멸'시킨다는 조언과 함께.

힘겨운 작업으로 저녁밥을 할 힘도 없을 것으로 생각하고 집으로 돌아오는 길에 튀김 냄새가 솔솔 피쉬앤칩스를 사들고 들어와서 일단 배를 든든히 채우고 '킬러 작업'에 몰두했다. 머릿니 샴푸를 열어보니 파마 약 같은 특유의 약품 냄새와 그 냄새를 덮으려는 허브향이 섞여져 있었다. 머릿니 샴푸를 하는 것은 생각보다 어렵지는 않았다. 머리를 잘 빗고 약을 머리카락에 골고루 묻히고 헤어 캡을 좀 쓰고 있다가 빗질을 하며 샴푸를 하면 되었다. 빗질을 할 때와 샴푸를 할 때 J와 C의 눈에 들어가지 않도록 눈을 꼭 감고 있으라고 단단히 주의를 주었다. 헤어 캡을 처음 써 본 C는 미장원에 온 것 같다며 영문도 모르고 좋아했다. 그나마 안 한다고 징징거리지 않으니 얼마나 다행인지 모른다. 작업이 모두 끝난 후 머리를 말리자 집 안의 구석구석에서 허브향이 난다. 머리를 다 말리고 그제야 한숨 돌렸다.

TV를 켜놓고 욕실 뒷정리를 하고 있던 나에게 아이들 바로 소리를 질렀다.

"마미. 우리가 산 거. 저거 봐요, 저 샴푸. 똑같아요!"

좀 전에 사용한 샴푸와 똑같은 것이 나오고 삼지창을 든 샴푸가 머릿니를 박멸시키는 모습이 나오자 샴푸가 이겼다며 환호성을 지르고 좋아한다. 아, 아이들이란 뭘 해도 즐겁고 재미있나 보다. 그 모습을 본 나는 아이들에게 바로 말한다.

"너희들 저 샴푸 우리 집에 있다고 절대 말하지 마. 광고 나온 거 보고 딴 데 가서 아는 척도 하지 말고! 특히 J! 학교에 가서 머리에 이 있는 사람 손 들어보라고 해도 절대 손들면 안 돼. 알았어?"

윽박지르는 내 모습에 젖은 머리의 J는 알 수 없다는 표정으로 마지못해 고개를 끄덕였다. 나도 엄청 소심한 엄마였다. 그깟 이 좀 있다고 아이들에게 거짓말을 하게 하다니. 그리고 며칠 후 나는 동네 미장원에서 얼른 파마를 했다. 원하는 스타일을 물어보는 헤어디자이너 말을 자르고 이렇게 말했다.

"그냥 머리 안에까지 잘 말아 주세요. 제 파마가 잘 풀리는 스타일이니 약 많이 넣어서 안 풀리게 아주 강하게요."

자나 깨나 주유하자. 아찔한 기름 동냥 스토리 

우리가 뉴질랜드 북섬에 처음 도착하여 웰링턴을 지나 북쪽으로 운전을 하며 올라갈 때 나는 혼자 환호성을 질렀다.

"우와, 여기 봐봐. 길이 평평해. 가로등도 있어. 오호, 주유소도 많아. 좋아, 좋아. 걱정 덜었어."

혼자 흥분한 나와 상관없이 J와 C는 앞에서 엄마가 운전하며 혼자 뭐라 떠드는지 뒷좌석에 각자 편안한 자세로 앉아서 아무 대꾸도 하지 않고 피곤한 표정으로 창밖만 멀거니 바라보고 있었다. 그러나 내가 이러는 데는 다 이유가 있었다.

뉴질랜드에 와서 순간 정신이 멍한 패닉 상태에 돌입한 적이 두 번 있었는데 첫 번째는 내 눈앞에 돌진한 차와 충돌하는 그 순간이었고 그보다 더 강했던 패닉 상태는 해가 질 무렵 차 안에 기름이 없다는 경고등이 켜진 후 약 30분쯤 지났을까, 작은 마을의 간이 주유소라도 눈앞에 나올 거라는 나의 기대 대신 내 눈 앞에 떡 하니 버티고 있는 우리가 넘어가야 할 산등성이의 등장과 함께 동시에 차가 힘없이 스르르 멈춰 섰을 때, 그 순간을 생각만 하면 아직도 아찔하다.

사건은 주말여행에서부터 시작되었다. 나는 금요일 저녁 일찍 잠들어 토요일 새벽 4시경이면 일어난다. 인터넷으로 일기 예보를 한번 보고 비바람이 몰아치지 않는 한 1박 2일 여행 준비를 간단히 한다.

지도, 물, 침낭(차 안에서의 노숙으로 숙박비를 제법 아꼈다), 아이들 해열제(남섬 찬바람으로 열감기가 갑자기 올 수도 있으므로), 그리고 냉장고에 있는 음식을 커다란 보온 가방에 대충 넣고 잠이 덜 깬 아이들을 차에 대충 넣어 5시경 시동을 건다. 나는 가다 서다 천천히 운전하므로 지도상에서 3시간 거리라 하더라도 최소 5시간은 걸릴 것으로 생각하고 움직인다.

그 주의 일정은 뉴질랜드 최고의 산악지대라는 아서스패스(Arthur's Pass)를 지나 그레이마우스(Grey Mouth)까지 가는 일정이었다. 크라이스트처치에서 출발하는 기차도 있었지만 험한 길이라도 직접 운전을 하며 길을 내려서 밟고 싶은 생각에 다른 여행보다 더욱 단단히 각오를 하고 출발했다. 아서스패스(Arthur's Pass) 기차역까지 가는 길은 여행 책자에 나온 것보다 그리 험하지는 않았다. 간혹 꼬불꼬불한 길을 100km로 달리는 무서운 키위 드라이버도 있지만 앞서가려는 차량이 있으면 좌회전 신호를 켜고 추월하라는 표시를 하면 대부분 내차를 넘어 앞서 간다. 간혹 뒤에서 라이트 번쩍이며 짜증내는 운전자들도 있지만.

이른 새벽길의 운전은 낮 시간에 볼 수 없는 많은 것들을 보여준다. 내가 이른 아침 출발하는 이유도 이 때문이다. 우리를 살짝 겁주려는 듯 장엄하기마저 한 산등성이 아래의 뽀얀 물안개, 혼자 마시기 아까울 만큼 신선함이 느껴지는 새벽 공기, 우리를 바라보는 잠에서 덜 깬 살집이 통통한 양떼, 차도 무서워하지 않고 느릿느릿 여유 있게 버젓이 차로 옆을 걸어가는 푸키코들. 이들 하나하나에 눈도장 찍고 목적지에 도착했을 때의 그 기분은 뭔가 해냈다는 뿌듯함 그 이상이다. 게다가 크라이스트처치에서 그레이마우스까지 가는 길은 동서를 잇는 Tranz Alpine(트랜츠알파인) 기차와 같은 경로로 지나가니 물론 기차에서 보는 절경은 볼 수 없지만 기차 요금도 아낄 겸 그 길을 반드시 혼자 운전해서 지나가고 싶었다.

2시간 30분 쯤 달려서 도착한 아서스패스(Arthur's Pass) 기차역은 산 기운이 촉촉이 느껴지는 고요한 한적한 마을이었다. 마을이라고 해봐야 사람이 사는 집이 많은 것도 아니고 사진에서 보았던 기차역에 인포 센터가 있고 트래킹을 하는 사람들이 쉬어가는 숙소가 있는 정도였다.

이곳에서 특이한 울음소리를 내는 'Kea'라는 새를 직접 볼 수 있었는데 여기는 Kea 보호구역이라고 한다. 도서관의 책에서나 보던 Kea가 큰 소리를 내며 여기저기 날아다니자 J와 C는 신기한 듯 Kea가 있는 곳을 열심히 쫓아다녔다. 인포메이션 센터와 연결된 한적한 박물관을 돌아보고 바로 옆 카페에서 샌드위치와 커피, 핫 초코로 점심을 대신했다. 비싼 기차 삯을 내고 타고 왔으면 후회할 뻔했다고 운전해서 온 나를 스스로 칭찬하며 인포 센터 직원에게 그레이마우스까지 가는 길이 어떠냐고 물으니 여기까지 무사히 왔으면 가는 길도 그리 어렵지 않게 운전할 것이라고 말해주었다.(그런데 가는 길은 왔던 길보다 더 만만치 않았다. 나는 이곳에서 곡선 운전 하나는 마스터하고 왔다)

많은 여행객들을 반기는 듯 기차역 바로 옆에 있는 큰 화장실에 아이들을 미리 다녀오게 한 뒤 기름이 얼마나 남았는지 살펴보았다. 마지막 칸 하나. 오는 길이 산등성이라 꽁무니가 무거운 내 차가 기름을 많이 쓴 모양이다. 인포 센터에서 마을 안의 주유소 표시를 보았는데 주유소가 눈에 안 보여 카페에 다시 들어가서 물어보니 주유 펌프가 밖에 있는데 들어오면서 못 봤냐고 했다.

다시 나와 보니 주유 펌프가 있긴 한데 일반 주유소 같은 큰 펌프가 아니라 개인이 파는 기름펌프 수준이었다. 값을 보니 보통 주유소보다 최소한 30%는 비싼 것 같다. 하지만 이런 오지까지 기름을 싣고 들어오는데 그 정도는 받을 수 있다는 생각이 들었다. 어떻게 할까 살짝 고민하다가 그냥 출발하기로 했다. 그레이마우스까지 나가는 길을 지도에서 보니 온 길보다 훨씬 가깝게 느껴졌고 일단 이곳을 벗어나서 평지로 나간 뒤 동네 주유소에서 기름도 넣고 한 번 더 쉬어 가면 되겠다고 생각에 그냥 출발을 했다.

결론부터 말하면 이날 나는 비싼 기름 값을 고민할 것이 아니라 차라리 커피를 마시지 말고 그 돈을 조금 더 보태 20불이라도 기름을 넣었어야 했다.

Kea의 울음소리를 뒤로 하고 아서스패스를 지나 그레이마우스로 향했다. 길이 쉬울 거라고 말한 인포 센터 직원의 표정을 떠올리며 온 신경이 돋은 채로 아슬아슬하게 스키 타듯 핸들을 돌리며 운전을 했다. 1시간쯤 달렸을까 꼬불꼬불한 길을 거의 다 빠져 나와 평지가 보였다.

운전석 거울로 흘낏 바라보니 J와 C는 완전히 곯아 떨어져 있었다. 하긴 새벽부터 나와 좀 전까지는 Kea를 쫓아다니느라 피곤한 상태에서 엄마가 간만에 사준 핫 초코를 마시고 달콤하게 잠이 든 것이다. 이럴 때는 적어도 30분은 절대 깰 일이 없는 J와 C를 다시 한 번 돌아보고 나는 간만에 Queen CD를 크게 들으며 여유롭게 운전을 즐겼다. 검은색 내 차는 CF의 한 장면처럼 아무도 달리지 않는 인적 드문 곳에서 홀로 씩씩하게 산등성이 사이를 누비며 열심히 달리고 있었다.

그런데 사태를 눈치 채기 시작한 것은 Queen 음악에 빠져든 지 10분도 안되어서였다. 음악과 경치에만 심취해서 앞만 바라보며 운전하다 보니 처음에는 잠깐 들어왔던 주유 경고등이 이제는 계속 켜져 있는 것이 눈에 들어왔다. 이대로 가다가 차가 멈춘다면 우리는 어떻게 될까? 사막은 아니니까 어떻게 되긴 하겠지만 무척 번거로운 상황이 그대로 상상이 되었다. 지나가는 차 인적도 드물고 수중에 현금도 없다. 긴급 상황에 써 먹을 수 있는 AA 서비스(차량 관련 기관에서 운영하는 자동차 긴급 서비스의 일종)도 안 들었다. 들었다 하더라도 시내에서 무척 떨어져 있는 이곳까지 와서 사태를 해결하려면 쉽지는 않을 것이다.

분명 지도에는 제법 큰 마을처럼 표시가 되어 있었다. 그렇다면 내 생각으로는 당연히 주유소도 있어야 했다. 그런데 당연히 있을 것이라고 믿어 의심치 않았던 주유소는 가도 가도 나오지 않았다. 지도에 표시된 마을은 직접 지나가며 보니 말이 마을이지 푸른 초원 위에 양떼들만 뛰어 놀 뿐 사람은 구경도 못 했다. 슬슬 불안해지기 시작했다. 아직도 한참을 더 가야 1차 목적지 그레이마우스가 나올 것 같은데. 정말 그 사이에 주유소가 없다면 어떻게 해야 하나.

간혹 지나가다가 긴급 Petrol Service라고 작게 쓰인 표시와 번호가 있었는데 여기 나오니 그런 것도 보이지 않는다. 퀸의 We'll, We'll Rock You가 끝나갈 무렵 나의 상상 속의 쓸데없는 걱정은 걱정이 아닌 실제 상황이 되어 버렸고 저 고개만 넘으면 주유소가 있을 거라고 굳게 믿었던 그 길 앞에 다시 보인 또 하나의 고개를 눈으로 확인하는 순간 핸들을 잡은 나의 손은 그대로 떨리기 시작했다. 그리고 정확히 5분 후 차는 거짓말처럼 스르륵 천천히 멈추어 버렸다.

차가 멈추자 잠들어 있던 J와 C가 꿈틀거리며 깨어났다.

"엄마, 다 왔어요?"

졸린 눈을 비비며 주변을 둘러보는 J에게 뭐라 말해야 할지 고민하고 있던 찰나에 C도 기지개를 펴며 잠에서 깼다.

"어. 그게…… 음…… Petrol이 없네."

"Petrol? 그게 뭔데요?"

"어. 자동차 기름이야. 너희들이 음식을 먹어야 힘이 나서 움직이잖아. 차도 마찬가지야. 사람이 우유를 마시는 것처럼 Car도 Petrol을 먹어야 움직일 수 있어. 그런데 그게 지금 없어서 차가 힘이 없어서 멈추었어."

"그럼, 내 우유 좀 주세요."

자기 우유를 좀 양보하겠단다. 정말 아이들의 생각은 재미있다. 이 와중에도 아이들의 상상력에 혼자 마구 웃었다.

J가 C에게 설명을 다시 한다.

"C. 차는 하얀 우유 못 마셔. Petrol은 검은색이야. 우리가 마시는 우유랑은 달라."

재미있는 C와 엄마보다도 설명을 잘하는 야무진 J의 대화를 들으며 좌석을 뒤로 젖히고 하늘을 바라보며 생각에 잠겼다. 차가 멈추기 직전 그렇게 걱정이 되고 손이 떨렸건만 막상 정말 멈추자 오히려 마음이 편해지고 아이들 이야기를 들으며 웃고 여유가 생겼다. 그렇게 잠시 동안 고요함을 즐겼다. 어이없는 상황에 웃음마저 피식 났다. 나의 고민과 고요함이 섞인 그 사이에 어느새 차 한 대가 붕 하고 지나갔다. 뒤 칸에 짐을 잔뜩 실은 차였다. 자주는 아니더라도 일단 차가 지나가긴 하니까 안심은 되었다.

Plan B. 어떻게 하는 것이 가장 좋은 방법일까 고민했다. 일단 차 안에 있는 물과 음식을 확인했다. 차 뒤에 물 한 통도 있었고 아이들이 먹고 남긴 샌드위치도 있으니 일단 안심은 되었다. 그렇다면 이제부터는 어떻게 할까. 가장 좋은 방법은 지나가는 차를 세워 주유소까지 얻어 타고 가서 기름을 산 뒤 거기서 다시 돈을 주고 차가 있는 곳까지 오는 방법이었는데 시간과 여기에 드는 비용이 만만치 않았다. 그리고 지금은 해질 무렵인데 그 안에 다시 여기까지 들어오기란 불가능할 것 같았다.

결국 일단 오늘 밤은 차를 버리고 지나가는 차를 얻어 타고 근처 마을까지 가기로 마음을 정했다. 트렁크의 수트에 대충 짐을 넣어 일단 한 개로 만들었다. 그리고 나서 차에서 내려 천천히 걷기 시작했다. 그냥 기다리는 것보다는 영화에 나오는 것처럼 그냥 좀 걷고 싶었다. 그렇게 3분쯤 걸었을까. 누군가 우리를 쳐다보고 있다는 느낌이 들었다. 분명 사람이 사는 곳은 아닌데 뭔가 인기척이 들렸다.

이때 C가 하는 말.

"Mummy, Hotel! Hotel!"

호텔은 무슨. 하지만 집 모양만 보면 호텔을 외치던 C가 가리키는 방향을 보니 길옆의 큰 나무 아래 다 벗겨진 흰색 페인트가 간간이 보이는 오래된 나무집이 있었다. 그리고 그 집 앞에 앉아서 책을 읽고 있는 백발의 할아버지. 마른 체구에 파란 눈, 흰색 수염에 백발. 딱 산신령의 모습이었다. 아! 저기 정말 사람이 있었다. 우린 행운아다. 더 이상 설명이 필요 없는 그냥 Lucky. 가방을 바닥에 놓고 단숨에 달려갔다.

"Excuse me."

할아버지의 집 앞에서 말을 붙이자 할아버지는 고개를 천천히 들었다. 그런데 표정이 전혀 관심 없다는 표정이었다. 할아버지는 우리에게 지을락 말락 한 미소를 아주 살짝 날려주고 다시 독서에 열중하셨다.

별로 관심 없는 아니 더 정확히 말하면 귀찮다는 표정의 할아버지에게 다짜고짜 사정을 했다. 우리는 한국에서 왔다. 크라이스트처치에 머물고 있는데 아서스패스 넘어가는 도중 기름이 떨어졌다. 결론은 기름 좀 주세요. 할아버지, 네?

그러나 할아버지는 표정도 변하지 않고 딱 한 마디만 하셨다.

"No petrol."

더 이상 묻지도 않는다. 내가 계속 사정하자 불이 들어온 지 얼마나 되었느냐고 묻더니 불 들어온 지 얼마 안 되었으면 천천히 그냥 주유소가 나올 때까지 타고 가란다. 아니면 여기서 기다리다가 지나가는 차를 잡아타고 가서 사오란다. 여기는 사람이 살지 않는 곳이라 차 안에 귀중품만 없으면 내일까지 차는 무사할 거라고.

아, 정말…… 누가 그걸 모르나요? 여기서 나갔다가 내일 여길 다시 되돌아오려면 이래저래 얼마나 번거로운지. 버스가 다니는 길도 아니고 게다가 애들 둘 데리고. 속에 있는 말은 못하고 못 들은 척하고 또박또박 다시 말했다.

"혹시 기름이 조금이라도 있으면 저에게 파세요. 돈 될 건 찾아서 여기에 맡겨놓고 기름을 주시면 나가서 파신 기름만큼 담아다가 드릴게요."

말하면서도 나는 정말 좋은 생각 같았다. 일단 주유소까지 도착하기만 하면 기름을 사서 다시 이곳에 와서 할아버지에게 돌려주고 가면 된다. 날이 저물어도 상관없었다. 그러면 번거롭게 지나가는 차를 잡아타고 숙박하고 다음 날 돌아오지 않아도 될 것이다.

그러나 통사정을 하는 데도 할아버지는 꿈쩍도 안 했다. 말하면서 집 안을 슬쩍 들여다보니 집 안은 오래된 나무 집에 조촐한 테이블과 침대 하나, 화장실은 'loo'라고 부르는 밖에 있는 간이화장실이 전부였다. 하지만 아무리 한적한 교외에서 혼자 사는 노인이라도 직접 운전을 하니 여기에서 혼자 살 수 있을 터, 자동차 기름이 없을 수는 없었다.

20분쯤 사정을 했을까, 영문도 모른 채 엄마 따라 'Please'를 연발하던 J와 C도 지쳤는지 C가 그냥 바닥에 털썩 앉아 버렸다. 할아버지는 바닥에 앉아버린 C를 한번 흘깃 보더니 아무 말 없이 책을 덮고 자리에서 일어났다. 그리고 3분 뒤 할아버지 손에는 페트병에 담긴 기름이 있었다. 아, 이렇게 고마울 수가.

'땡큐소마치'를 연발하는 나에게 눈길도 주지 않고 내 차가 있는 곳까지 천천히 걸어가더니 페트병 주둥이에 플라스틱 펌프를 넣어 기름을 빨아들여 내 차 주유 탱크에 집어넣어 주었다. 뜨거운 사막의 목마른 여행자에게 내려진 오아시스 같았다. 할아버지가 펌프질을 하는 사이

나는 얼른 트렁크를 열어 다시 내 짐을 싣고 가방을 열어 돈이 될 만한 것을 찾았다. 차 안에서 나온 동전 3불과 10달러짜리 지폐, 현금이라고는 그게 전부였다. 나는 손목에 차고 있던 시계를 풀었다.

"할아버지. 이거 맡겨 놓고 기름 사서 다시 올게요. 조금만 기다려주세요."

전자든 후자든 일단 기름을 얻어 남의 차를 얻어 타고 갔다 오는 등의 번거로운 일을 안 겪어도 된다는 사실 하나만으로도 만족했다. 그런데 할아버지는 아무 말 없이 내가 늘어놓은 돈을 보더니 10불짜리 지폐만 들었다. 그리고 말했다.

"이거면 충분해요. 그냥 이 길 따라 15분쯤 쭉 가다 보면 작은 가게가 나오는데 그곳에 주유기가 있을 거예요. 문 닫으면 그나마 못 사니까 얼른 가시오."

아, 이렇게 고마울 수가. 이런 상황에서 우리를 구해준 할아버지와 할아버지의 집 사진이라도 찍고 싶었지만 아직도 정신 못 차리고 사진이나 찍는 것 같다고 할까 봐 정중히 한 번 더 인사를 하고 얼른 시동을 걸어 출발했다.

15분쯤 천천히 달렸을까. 할아버지가 말한 가게가 눈에 들어왔고 한적한 그곳에서 파는 비싼 기름을 무척 고마워하며 가득 채워 넣었다. J, C와 함께 초콜릿 맛 아이스크림도 사 먹었다. 마트에서 사는 것보다도 당연히 비쌌지만 그곳에서 파는 기름과 아이스크림이 너무나 저렴하게 느껴졌다. 불과 2시간 전 만해도 도시의 기름 가격과 비교하며 안 넣고 그냥 돌아서서 왔는데 한 번의 경험이 사람을 이렇게 금세 바뀌게 한다.

그날 저녁 우리는 그레이마우스까지 단숨에 달려왔고 늦은 저녁 상점도 모두 문을 닫고 아무도 반겨주지 않았지만 조그마한 도시인 그곳이 그렇게 반가울 수 없었다. 문을 닫은 상점 사이에서 큰 소리로 떠들며 한 바퀴 돌아본 후 시내의 외곽에 위치한 허름한 모텔에 즐겁게 체크인하고 라면을 맛있게 끓여 먹었다.

하루 안에 겪은 일인데도 마치 며칠 동안의 힘든 일정을 마친 양 정말 긴 하루였다. 그날 밤 살짝 냄새나는 모텔 침대에서 우리 셋은 꼭 부둥켜안고 꿈나라로 빠져 들었다. 꿈속에 나온 패트롤(Petrol) 산신령 할아버지에게 한 번 더 고맙다는 인사도 잊지 않았다.

다음부터 나는 새로운 습관이 생겼다. 출발 전 기름 가득 채우기 그리고 먼 길 가기 전에는 주유소가 보이면 그냥 지나치지 않고 조금이라도 더 넣고 달리기.

뉴질랜드를 차로 여행하는 여행자들이여, 항상 기억하시라.

자나 깨나 잊지 말자, 꼭 꼭 주유 확인. 절대 예외는 없답니다.

보물찾기 놀이, Second hand shop

요즘은 어학연수를 포함하여 넓게는 이민까지 외국 생활을 해 본 사람이 꽤 많으므로 다른 나라에서는 중고 물품이 우리나라보다 원활히 직거래되고 있음을 공감할 것이다. 아직 쓸 만하다면 남이 쓰던 물건을 다시 쓰는 것은 너무나 당연한 일이거니와 자신이 쓰던 물건도 중고 가게에 팔거나 기증하는 등 재활용 방법은 여러 가지이다. 주말이면 이사를 가거나 그 밖의 필요 없는 물건을 자기 집 마당이나 창고에서 파는 게러지세일(Garage Sale)도 어렵지 않게 볼 수 있고 거리를 걷다 보면 집 밖에 Free라고 써 붙여 놓고 필요한 사람은 그냥 가져가라는 문구도 종종 보인다.

중고물품을 살 수 있는 대표적인 곳은 대부분의 동네마다 있는 Second hand shop이다. 지역에서 운영하는 것부터 개인이 운영하는 것, 주말 장터에 와서 바닥에 늘어놓고 파는 경우까지 규모와 스타일은 다양하다. 우리나라에서도 중고 알뜰매장이나 '아름다운 가게' 등 세컨핸드숍이 점차 증가하는 추세다. 바람직한 현상이다.

뉴질랜드의 세컨핸드숍 물건은 대부분 기부를 받은 것들이며 판매원들도 대부분 자원봉사자들인데 이곳을 둘러보는 것은 예상외로 재미가 쏠쏠하다. 가게 안의 진열대에는 주방용품, 옷, 가방, 장난감, 책, 가구 등 집에서 볼 수 있는 것이라면 거의 다 있다고 해도 과언이 아니다. 어떤 것은 거의 공짜에 가까운 저렴한 가격에 놀라기도 하고 어떤 것은 가격만 본다면 그 돈 주고 구입하기가 꺼려지는 것도 있다.

어찌되었든 나는 세컨핸드숍을 무척 좋아한다. 일반 상점에서 파는 새 물건과는 다르게 먼저 주인의 손때가 묻은 그 특별함이 공장에서 갓 나온 것들과는 느낌부터가 다르다. 게다가 잘만 고르면 정말 마음에 드는 물건을 거의 공짜에 가까운 값으로 사서 조금만 손보면 나만의 독특한 아이템이 되어 버린다. 추운 남반구의 바람을 막아주는 나와 2년째 함께한 초록색 머플러도 크라이스트처치의 외곽 세컨핸드숍에서 3불에 구입한 것인데 이태리산인 오래된 느낌의 이 머플러를 두르고 있으면 바람뿐 아니라 마음까지 따뜻한 느낌이 든다. 명품 로고가 찍힌 머플러보다도 더 값어치 있게 느껴진다.

아이들과도 자주 가곤 하는데 새 물건에 익숙한 아이들에게 자기 물건을 소중하고 깨끗하게 사용한 뒤 정말 필요가 없을 때에 다른 사람에게 물려주거나 이런 곳에 기부하는 문화는 좋은 공부가 된다. 또 상품을 정갈하게 닦아 가격표를 손으로 써 붙여 놓고 가지런히 놓은 자원봉사자들의 손길이 그대로 느껴져서 좋다.

내가 세컨핸드숍에서 구입한 물품은 머플러 외에도 바람 부는 추운 날도 멋스럽게 걸칠 수 있는 두툼한 스웨터, 보기만 해도 커피향이 느껴지는 머그컵, 그리고 아이들 장난감 등 꽤 여러 개이다. 이것들은 뉴질랜드를 떠날 때까지도 유용하게 잘 썼고 떠나올 때에는 이 나라에 대한 감사의 표시로 한국에서 가져온 아이들 옷가지와 신발, 장난감, 부엌용품 등을 더하여 차로 서너 번 실어 날라 동네 세컨핸드숍의 창고를 꽉꽉 채워주고 왔다. 누군가가 세컨핸드숍에서 우리가 쓰던 물건을 발견하고 '착한 가격'에 사서 소중히 여기며 좋아하는 장면은 생각만 해도 기분이 좋아진다. 집으로 돌아와서 짐을 정리하는데 기부한 물건들의 빈자리는 그날따라 더욱 빛나 보였다.

파티, 파티. Party Girl, J

처음 뉴질랜드에 올 때는 J와 C가 여기서 만나게 될 친구들까지는 생각해 보지 않았었다. 아이들이 엄마와 함께 잘 지내고 아프지나 않으면 그것으로도 되었다고 여겼다. 그런데 나의 예상은 조금씩 빗나가기 시작했다. 아직 어린 C는 그렇다 치고 처음에는 조용하던 J가 점점 친구들 이야기를 하기 시작했다. 키위 친구들뿐 아니라 사우디아라비아, 근처 섬나라에서 이민 온 아이들의 이름까지, 내가 듣기에 생소한 이름도 너무나 자연스럽게 그 조그만 입으로 쫑알쫑알 말하기 시작하더니 이제 누구는 모닝 티에는 어떤 간식을 싸오고 누구는 매일 꿀을 듬뿍 얹은 빵을 가져와서 먹는데 더 뚱뚱해질까봐 걱정 된다는 둥, 누구네 집은 Big bothers가 몇 명이고 어디로 휴가를 갔다 왔다더라 등 그날 있었던 일과 친구들의 가정 이야기까지 생생하게 중계하기 시작했다. 조금 지나니 친구들 생일 파티 초대장을 들고 왔다.

오호, 요것 봐라. 조그만 것이 엄마의 NZ 사회생활보다 범위가 더 넓어진다. 한국에서는 나이가 어려 친구의 생일 파티는 초대받아 본 적도 없고 초대한 적도 없어서 어떻게 해야 하나 하고 초대장을 가만히 들여다보니 여기는 생일 파티 하는 데 일정한 룰(Rule)이 보인다. 혼자서 다닐 수 있는 나이의 다 큰 아이들은 상관없지만 부모의 보호가 필요한 학령기 아이들은 우리가 한국에서 초대하듯이 "내 생일이니까 우리 집에 와" 하며 자기들끼리 초대하고 생일에 아이 혼자 집을 방문하도록 내버려 두지 않는다.

생일 파티를 계획한 부모는 시간, 장소, 부모의 연락처가 적힌 초대장을 보낸다. 거창하고 두툼한 초대 카드가 아니라 예쁜 그림이 있는 한 장짜리 메모지에 직접 써서 보낸다. 초대장을 받은 부모는 초대에

응할 경우 파티에 가겠다고 초대장에 적힌 부모의 휴대전화나 집 전화로 답을 해주면 된다. 반드시 초대하는 아이의 부모와 초대받은 아이의 부모가 이 모든 사항을 알고 있어야 한다. 여기도 휴대전화 문자를 많이 주고받아서 나도 참석 여부를 주로 문자로 답을 해 주었다.

생일 파티는 집에서도 하고 아이들이 좋아하는 맥도널드, 실내 놀이터 그리고 YMCA를 비롯한 인근 레크리에이션 센터에서도 할 수 있다. 예를 들어 YMCA 체조 교실에서 주최하는 파티 프로그램은 2시간 30분 동안 파티 룸을 빌릴 수 있고 그 시간 동안 아이들을 돌봐 줄 직원(Staff)이 상주한다.

체조교실 파티 프로그램이므로 아이들은 파티 음식을 즐긴 후 1시간가량은 체조 교실 스태프들과 함께 트램펄린, 평균대, 짐볼 등을 이용하여 간단한 놀이를 즐기기도 한다. 이때 파티 음식은 초대한 부모가 미리 준비하거나 맥도널드 같은 곳에서 파티를 한다면 당연히 맥도널드의 햄버거 세트를 먹는다. 집이 아닌 곳에서 파티를 할 경우 장소와 파티 인원에 따라 파티 가격이 다르고 대부분 패키지 스타일의 파티 프로그램이 있으므로 여러 군데를 비교한 뒤 예약을 하면 된다.

생일 파티 선물은 정성스럽게 초대를 받은 만큼 생일 선물을 아이와 함께 고르고 카드를 써서 잘 포장한 후 파티에 들고 간다. 비싼 선물을 살 필요는 없지만 최소한의 성의는 보이면 좋을 듯하다.

집에서 하는 파티는 밖에서 하는 파티보다 정성이 더 많이 들어간다. J는 유독 생일 파티에 많이 초대받아 종류별 파티에는 다 갔었는데 그중 가장 기억에 남는 파티는 Zoe라는 친구의 Sleep Over(하룻밤 자고 오는 것) Party였다. 이날 준비물은 슬리핑 백(Sleeping Bag)과 파자마(Pajama). 하룻밤 자고 오는 파티인 만큼 생일 선물보다 아이들 준비물을 담은 가방이 더 컸다. Zoe의 엄마는 꼬마 손님들을 위해서 집 안 한쪽 구석에 온갖 매트리스를 펴놓고 기다리고 있었다.

아이들은 토요일 오후부터 일요일 점심까지 그 집에서 지내다 왔다. Zoe 엄마의 맛있는 저녁식사에 달콤한 아이스크림 디저트를 먹으며 좋아하는 DVD를 보다 잠이 들었다고 한다. 다음 날 돌아온 J의 발가락을 보니 형형색색의 페디큐어가 되어 있었다. 물어보니 Zoe 엄마의 'Thank you Service'라나.

파티는 엄마만 바쁜 것이 아니라 당연히 아빠도 바쁘다. 맥도널드에서 여는 런치 파티에 가 보아도 파티 값 돈 계산하러 엄마만 지갑을 들고 와 있는 것이 아니라 당연히 아빠도 함께 와서 아이들 파티가 끝날 때까지 초대에 응해 준 아이들과 부모에게 감사 인사를 하고 이야기를 나누며 차를 마신다. 아이들과 함께 온 부모들을 위하여 집에서 정성스럽게 구운 쿠키를 들고 와서 권하기도 한다. 집에서 하는 파티에서도 아빠는 조용히 눈치껏 자리를 비켜주는 것이 아니다. 자녀의 친구들과 함께 쿠키 만들기, 바비큐 구워 주기 역할을 톡톡히 한다. 파티가 끝난 후 아이들을 데려다 주는 것도 아빠의 몫이다.

생일 파티에 초대한 아이 친구의 이름이 무엇인지, 누구를 초대했는지도 알지 못하거나 '아이들 생일 파티쯤은 아이 엄마가 알아서 하겠지.' 하는 우리나라 아빠들의 일반적인 모습과는 사뭇 다르다. 이런 모습은 정말 좋아 보인다. 자녀 양육은 엄마의 몫이 아니라 부부가 함께 하는 것. 가족 중심의 사회, 특히 아이를 키우는데 아빠의 비중이 큰 부분은 정확히 말하면 그냥 부럽다. J가 친구 Yumi의 생일 파티를 다녀온 뒤 Yumi 아빠는 쿠키도 잘 굽는다는 말을 한동안 계속 했었다.

파티가 끝나고 돌아오는 아이들의 손에는 자그마한 플라스틱 백(Plastic Bag)이나 종이 가방이 들려져 있다. 파티에 초대한 가족이 보내는 'Thank You Gift'이다. 그 안에는 큰 선물은 아니지만 아이들이 함께 구웠던 쿠키, 비스킷, 작은 기념품 등이 들어 있다.

이렇게 파티는 초대하는 것부터 마지막 마무리까지 쉬운 작업이 아니다. 아이 친구들이 누구인지는 당연히 알아야 할 뿐더러 그날 몇 명을 초대해서 어디에서 무엇을 할 것인지 세심하게 생각하고 초대할 아이의 부모에게 초대장을 보내야 하기 때문이다. 여러 가지로 보통 정성이 아니다.

맥도널드에서 런치 파티를 연 쌍둥이 형제 리처드 엄마는 평소에도 정신없는 두 아들 덕분에 집에서 파티를 하는 것은 꿈도 못 꾼다며 손사래를 쳤다. 하지만 그날 파티를 연 그 쌍둥이 형제는 맥도널드도 재미있지만 내년 파티는 집에서 반 친구들을 다 불러서 Sleep Over Party를 하고 싶다며 엄마 아빠에게 선전포고를 했다. 리처드 생일 파티를 다녀 온 J가 조심스럽게 물었다.

"엄마, 내 생일이 방학에 있는 게 아쉬워요. 나도 친구들 불러서 파티를 하고 싶은데."

"우리는 한국으로 돌아갈 건데. 어쩌지? 엄마가 한국에서 새로운 친구들과 파티를 할 수 있게 해 줄게."

달래어 말하기는 했지만 이런 때는 정말 난감하다. 아이들은 친구를 금방 사귈 수 있다고 걱정하지 말라고 어른들은 말씀하시지만 서로 친해질 만하면 또 떠나야 하니 아직 어린 아이들에게는 친구와의 작별이 쉽지 않다.

갓난아이로 품에 안으며 키웠던 딸이 나와 함께 긴 여정에 동행하고 이제는 외국 친구들의 파티도 다니며 친구들 이야기를 많이 하는 요즘, 아이가 쑥쑥 자라고 있음을 실감한다. 아이들이 한 살을 더 먹으며 생일 파티를 기다리는 것과는 반대로 나는 하향 곡선을 그리며 나이의 숫자가 더 이상 올라가지 않기를 바라기 시작했다. 그리고 부모

로서의 책임과 엄마라는 타이틀은 어떤 것보다도 진하고 무겁다는 것도 이제는 말하지 않아도 가슴속에 이미 녹아들었다.

잊을 수 없는 그날 새벽, 강진 7.1

사회 시간에 학생들에게 환태평양 지대를 가리키며 이 지형은 지진이 많이 나는 지역으로 어쩌고저쩌고 하며 틀에 박힌 설명을 하던 때가 있었다. 그리고 간혹 뉴스에 어느 지역에서 지진이 발생했다는 소식을 들어도 아무렇지도 않게 듣고 한쪽 귀로 흘렸다.

지난번 중국이나 티모르에서 엄청난 사상자가 나온 큰 지진 뉴스를 접할 때면 아수라장이 된 지역과 죽은 사람들 숫자를 보며 잠깐 불안해하기도 했지만 그런 뉴스가 내 일상생활에 영향을 미치거나 머릿속에 강하게 남을 만큼의 큰 걱정거리는 아니었다. 그렇게 마구 흔들리는 지진이 일어나는 땅은 우리와 아무 상관없는 먼 나라 남의 이야기로만 여겼으니까. 그런데 그런 나를 비웃기라도 하듯 뉴스에나 나오는 나와 상관없는 지진이 나의 온몸을 세차게 흔들며 바닥에 내동댕이쳤고 급기야 나의 인생관에도 많은 영향을 미치게 되었다.

2010년 9월 4일, 사람들이 곤히 잠든 새벽. 나는 새벽 3시에 일어나서 한국에서 우리를 보기 위하여 먼 길을 오신 부모님과 퀸즈타운(Queens Town)으로 주말여행을 가기 위하여 짐을 꾸리고 있었다. 크라이스트처치에서 퀸즈타운까지 내가 운전을 해서 갈 예정이었으므로 미리 일어나서 음식과 지도 등을 차에 넣어 놓고 여유 있게 차를 마시고 있었다. 거리가 제법 멀었으므로 일찍 출발할 생각이었다.

내가 부스럭거리는 소리를 들었는지 아버지도 일어나셔서 옷을 입고 거실로 나오셨다. 우리는 어떤 길로 갈 것인지, 가면서 어느 도시를 들를 것인지 평화롭게 고요한 새벽에 지도를 보면서 오랜만에 부녀간에 도란도란 이야기를 나누고 있었다. 그런데 내 눈앞에 이상한 것이 보였다. 문 옆에 서서 내 이야기를 듣고 계신 아버지의 머리 위로 천장이 마구 흔들리며 움직이는 게 아닌가? 순간 나는 내가 너무 일찍 일어나서 눈이 피곤해서 그런 줄 알고 다시 일어나서 제대로 보려는 순간 우리 집 거실 바닥에서 땅바닥이 요동치는 소리와 함께 집 안의 가구 전체가 흔들리기 시작했다. 거대한 콘크리트 바닥을 뚫는 기계가 바로 내 옆에서 우리 집 바닥을 뚫는 것 같은 소리였다. 꿈인지 생시인지 구분도 가지 않았다.

"엇! 지진이다. 엎드려!"

아버지의 목소리를 듣고 자리에 털썩 주저앉으며 꿈이 아님을 실감했다. 아직 잠들어 있던 어머니가 놀라서 소리를 치며 나를 부르고 있었다. 그 순간 파팍 굉음을 내며 집 안의 모든 전기가 나갔다. 집 안 전체는 놀이공원의 빙글빙글 도는 접시처럼 서 있을 수조차 없게 인정사정 봐주지 않고 계속 흔들렸고 전기는 이미 바깥까지 모두 나가버려 암흑이었다. 아무것도 보이지 않고 마냥 흔들리는 가운데에 머릿속은 이런저런 생각으로 순식간에 가득 찼다. 부모님, 아이들, TV에서 본 아수라장인 자연재해 장면들. 그것이 나에게 지금 닥친 현실이었다.

계속해서 정신없이 흔들리는 가운데 아버지와 나는 방에서 자고 있는 아이들과 어머니를 찾으러 암흑 속을 헤맸다. 세상이 깜깜한 가운데 나를 구해준 건 인터넷폰. 거실 한쪽에 충전되어 있던 인터넷폰을 찾아 누르니 희미하지만 주변이 보였다. 먼저 J를 찾았다. 내 방에서 혼자 자고 있던 J는 깜깜한 가운데 마구 흔들리는 침대 위에서 어리벙벙해하며 나를 부르고 있었고 옆방에서 주무시고 있던 어머니는 잠이 덜 깬 C를 부둥켜안고 우리를 부르고 계셨다.

우리는 어둡고 흔들리는 가운데 아이들과 함께 밖으로 뛰쳐나왔다. 그런데 내 눈앞에 벌어진 것은 상상 이상이었다. 칠흑 같은 암흑 속에 집들이 모두 흔들리고 있는 것이 눈에 그대로 보였다. 영화의 한 장면

같았다. 밖으로 나가면 뭐가 달라질 거라고 생각하고 실오라기를 잡는 심정으로 뛰어 나온 것이 다 무색해졌다.

더 이상 갈 곳이 없는 것을 확인한 우리는 다시 집 안으로 들어와 현관문을 열어 놓고 식탁 안으로 들어가 바닥에 엎드렸다. 큰 흔들림이 몇 번 지나갔을까. 이게 마지막일 거라고 믿었던 믿음과는 달리 여진이 또 오기 시작했다. 언제 끝날지 모르는 공포 속에 온 가족이 부둥켜안고 제발 이 시간이 얼른 지나기만을 기도할 수밖에 없었다.

이십여 분이 지나서 내가 문을 열고 밖으로 나갔다. 옆집의 크리스틴과 앨런을 불렀다. 크리스틴 집 안에서 소리가 나더니 크리스틴 역시 놀란 표정이 역력한 채 잠옷 차림으로 문을 열었다. 얼른 가서 부모님과 아이들을 데리고 자기 집으로 오란다. 이럴수록 함께 같이 있어야 한다고 서두르란다.

그 집도 친척들이 오랜만에 놀러 와서 늦게까지 맥주를 마시다가 잠이 들어서 사람들이 많았다. 그 와중에 우리는 처음 보는 사람들과 포옹을 하며 인사를 나누었다. 인사가 미처 끝나기도 전에 여진은 계속되었다. 전기는 모두 끊긴 상태이므로 뉴스를 접할 수가 없었으므로 도대체 어디서 지진이 발생해서 여기까지 흔들리는 것인지 알 수도 없었다. 어떻게 대처하면 되는지 다른 곳은 어떤지 그냥 집에 있어야 하는지 아무도 알지 못했다. 우리는 모두 너무 답답했다.

가만히 생각해 보니 내가 평소 듣던 MP3가 생각났다. 충전된 상태이므로 라디오 주파수만 맞는다면 뉴스를 들을 수 있었다. 그 집에 있던 크리스틴의 사촌과 함께 얼른 집으로 뛰어 가서 서랍 속의 MP3를 가져 왔다. 이어폰을 꽂고 주파수를 맞추자 잡음이 많아 선명히 들리지는 않지만 뉴스 속보가 나왔다. 지진이 발생했단다. 지금 이곳 크라이스트처치에서. 오 마이 갓.

이게 도대체 무슨 일일까. 왜 하필 여기서 일어났을까. 그것도 하필 부모님이 한국에서 오셨을 때 말이다. 크리스틴 집의 거실 한구석에 자리를 잡고 앉은 우리는 한차례 땅이 흔들릴 때마다 바닥에 앉아 머리를 숙인 채 미동도 하지 않았다.

날이 밝자 지진은 조금씩 가라앉는 듯했고 동네사람들은 밖으로 나와 서로의 안부를 물으며 정보를 주고받았다. 전기와 전화는 끊겼고 충전되어 있는 휴대폰으로 먼 곳에 사는 가족들의 안부를 주고받았으며 라디오에서 나오는 지진 속보에 귀를 기울여 들었다. 여진은 계속되었고 전기는 그날 오후 늦게 복구되었다. 하지만 언제 또 일어날지 모르는 정전에 대비하여 초와 성냥을 가져다 놓아야 했고 단수에 대비하여 마실 물과 집 안의 모든 통에는 화장실에서 쓸 물도 받아 두었다. 전쟁터가 따로 없었다.

다음 날, 슈퍼가 문을 열자 사람들이 몰려들어 식빵, 우유, 초콜릿 등 비상식량을 사느라 북적였고 주유소에는 미리 기름을 넣어 두려는 차로 긴 행렬이 이어졌다. 우리는 결정을 내려야 했다. 뉴스에 나온 대로 그냥 집에 있는 것이 안전한지 아니면 다른 도시로 피신이라도 가야 하는지. 잠시 고민한 끝에 원래의 여행 목적지인 퀸즈타운(Queens Town)으로 향하기로 했다.

계속되는 여진으로 땅이 흔들리니 머리가 너무 아프기도 했고 지진이 아닌 조그만 흔들림에도 점점 민감해져 갔다. 잠시라도 이런 불청객 흔들림에서 해방되고 싶었다. 어렵게 국내선 비행기 표를 예매하고 집의 열쇠를 옆 집 크리스틴에게 맡겼다. 다행히 공항은 다시 문을 열고 정상 운영체제로 들어갔다. 공항은 놀라 도시에서 나가려는 사람들로 가득 찼지만 침착하게 서로 배려하고 양보하며 공항 직원과 승객 모두 안정된 모습을 보였다.

예상보다 빨리 비행기를 탈 수 있었고 불안감에 시달렸던 지진에서 탈출하여 흔들리지 않는 땅을 밟았을 때의 그 안도감이란……. 특히 산으로 둘러싸인 퀸즈타운 공항 밖의 상쾌한 공기는 언제 지진을 겪었느냐는 듯이 숨을 들이쉰 지 단 몇 초 만에 정상 컨디션으로 되돌려 주었다. 우리는 호수가 보이는 8인용 호스텔 유닛 하나를 전부 빌려서 3일 동안 지냈다. 아무것도 하지 않고 조그만 시내를 돌아다니며 호수를 바라본 것이 여행의 대부분 일정이었지만 흔들리지 않는 곳에서 지진 걱정 없는 휴식은 그 어떤 휴가보다 값진 것이었다.

다시 크라이스트처치로 돌아온 후에도 여전히 여진은 계속되었다. 흔들리는 여진에 계속되는 두통으로 부모님은 한국으로 돌아가셨고 우리는 예정대로 남아서 남은 일정을 다하기로 했다. 부모님이 비행기를 타고 떠나시던 날, 공항에서 집으로 돌아오는데 안전한 곳으로 가는 비행기를 타는 부모님의 뒷모습을 뵈니 큰 걱정거리 하나가 줄어든 것처럼 마음이 가벼웠다.

2주간의 휴교 후에 학교는 문을 열었지만 비상식량, 초, 성냥, 휴대폰 충전시켜 놓기 등 생활 속에서 지진 대비는 일상이 되었고 우리는 어느 순간부터 그 엄청난 자연재해를 익숙하게 받아들이기 시작했다.

그 후 남섬을 떠나와 북섬에 머무는 동안 아침에 눈을 뜨면 클릭하는 사이트가 뉴질랜드 자연재해 관련 사이트였다. 즐겨찾기에 저장해 놓고 이메일보다 먼저 읽어보며 확인을 했다.

그러한 강진에도 불구하고 당시 사상자가 단 한 명도 없었다는 자랑스러운 뉴스를 내보낸 지 불과 몇 달 뒤인 2011년 2월 21일에 반갑지 않은 이 손님은 강도 6.3으로 크라이스트처치 인근 리틀턴(Lyttelton)을 한차례 흔들었고 이 여파는 크라이스트처치 시내까지 고스란히 전달되었다. 첫 번째 지진의 강도보다 좀 약하긴 했지만 이미 수차례의 여진으로 지반이 약해진 가운데 시내 중심부의 역사 깊은 건물들은 더 이상 견뎌내지 못하고 무너졌고 관광객을 비롯한 많은 사상자가 발생했다. 이 소식을 접했을 때 우리도 적지 않게 놀랐고 시간이 지난 지금도 마음 한구석이 허전하다.

뉴질랜드를 떠나오기 전 많이 안정이 되었지만 여전히 불안하다는 사람들의 만류에도 불구하고 마지막 여정은 우리의 첫 발자국이 있던 크라이스트처치에서 마무리하고 싶었다. 2011년 11월 다시 찾아간 그곳은 시내의 건물들이 복구되는 바쁜 모습인 가운데 하늘과 바람은 아무 일도 없었다는 듯이 특유의 고요함과 청명함으로 우리를 다시 반겨 주었다.

비록 그곳은 큰 상처가 났었지만 더 이상 아프지 않고 잘 아물었으면 좋겠다. 지진으로 사랑하는 가족들을 잃은 슬픔도 아물어졌으면 하고 간절히 바란다.

그리고 나에게 스스로 말한다. 즐거운 이 세상에 남겨 주어서 감사하다고. 하루하루 웃으면서 즐겁게 최선을 다하자고.

굿바이, 카이코라

굿바이 남섬, 북섬으로 고고씽

시간은 참 빠르다. 남섬에서만 지내기에 1년이 길지 않을까 했던 처음의 우려와는 달리 그런 것을 생각할 틈도 없이 한 해가 그냥 훌쩍 지나갔다.

1월, 한국 같으면 추운 겨울이라 밖으로 나가기도 귀찮아지지만 여기는 반대 계절이므로 뉴질랜드를 즐기기에 가장 좋은 계절이다. 아이들과 반소매 옷에 아이스크림을 사 먹고 블루베리를 따러 다니며 뉴질랜드의 여름을 만끽했다.

새해가 시작되었으니 원래의 계획대로 이제 슬슬 남섬을 뒤로 하고 북섬으로 올라갈 때가 되었나 보다. 그런데 막상 북섬으로 가려니 무척 섭섭했다. 남섬에 정이 많이 들었다. 렌트한 집을 정리하고 쓰던 물건들을 이웃들에게 나누어 주었다. 아이들이 입던 옷들과 장난감들은 집 근처 세컨핸드숍(Second Hand Shop)에 대량 기부했다.옆집의 크리스틴과 앨런은 우 리가 떠날 것을 알고는 있었지만 막상 간다니 실감이 나지 않는다며 눈가가 촉촉했다. 가기 전에 한 번이라도 더 본다며 옆집인데도 불구하고 만날 때마다 포옹하고 손도 더 자주 흔들었다.

집과 짐, 자동차를 정비하는 데 생각보다 시간이 제법 걸렸다. 3일에 걸쳐 집 청소를 깨끗이 하고 앨런은 우리 집 잔디를 마지막으로 깎아주었다. 카펫 클리닝을 하는 업체에 연락하여 바닥 청소를 마지막으로 하고 집주인 크리스 부부에게 열쇠를 넘겨주었다. 집주인 크리스 부부는 좋은 세입자 만나서 고마웠다며 카드와 함께 케이크, 그리고 성경 구절이 담긴 작은 책을 선물로 주었다. 크리스는 자신의 연락처가 담긴 추천서(Reference)를 미리 이메일로 보내 놓았다며 다음에 렌트를 얻을 때 유용하게 쓰라고 말해 주었다.

뉴질랜드는 렌트를 얻을 때 전 집주인의 연락처까지 적는 경우가 많다. 대부분 집을 내주기전에 전 집주인에게 전화를 해서 렌트비는 문제없이 지불했는지 집을 내주기에 알맞은 사람들인지 확인을 하기 위함이다.

메일을 열어보니 우리는 참 좋은 사람들이고 집을 무척 깨끗하고 아껴 사용하며 특히 렌트비는 단 한 번도 밀리지 않고 자동 이체되었으니 안심하고 집을 내주어도 된다는 내용이었다. 더 묻고 싶은 것은 휴대전화나 이메일을 하면 답해 줄 수 있다며 부부의 휴대전화 번호와 이메일까지 꼼꼼하게 적어 두었다. 집주인 추천서까지는 생각지도 못했었는데 미리 이메일로 보내 놓은 세심한 배려가 고마웠다.

다음은 북섬으로 가는 교통수단 확인하기. 우리는 자동차로 운전하여 픽턴(Picton)에서 북섬의 웰링턴(Wellington)으로 가는 페리에 자동차를 싣고 바다를 건너 북섬으로 갈 예정이었으므로 먼저 페리 예약을 해야 했다. 다행히 원하는 날짜에 자리가 있어서 인터넷으로 예매를 했다. 사람 3명에 자동차까지 실으니 당연히 비행기 삯보다 더 비쌌다.

다음은 가장 중요한 차량 점검. 우리는 크라이스트처치에서 최종 목적지 오클랜드까지 가면서 천천히 여행을 할 생각이었으므로 우리의 발이 될 자동차 점검은 필수였다. 긴 여정 도중에 차가 멈추어 서 버리면 그것만큼 낭패가 없다. 버스를 타고 다니는 방법도 있지만 뉴질랜드에서는 이곳저곳 돌아보려면 차 없이 자유 여행을 하기에는 불편하다. 그래서 이번 차량 점검은 좀 비싸더라도 직영대리점에 가서 받았다. 핸들이 살짝 기운 것을 바로 잡고 라이트 한 개, 엔진오일, 에어컨 필터까지 교환하니 350달러가 넘었다. 여기는 차량 점검비와 부품이 한국보다 비싸다. 인건비도 단가가 높고 차량의 중고부품도 한국처럼 바로 바로 구하지 못하고 좀 기다려야 하는 경우가 많다.

한국에서는 자동차 보닛 한번 열어 볼 일이 없었는데 여기 와서는 수시로 열어 본다. 덕분에 차에 대하여 많이 배웠다. 워낙 차에 관심도 없고 한국의 다른 사람들처럼 연식이 최근인 차를 타다가 중고차가 대부분인 이곳에서 내가 직접 차를 관리하니 차에 대하여 알 일이 많아졌다.

먼 길 떠나기 전에 냉각수 점검, 배터리 확인, 타이어에 공기압 확인하고 채워 넣기는 기본이다. 차 없는 길을 지나가다가 배터리가 나가서 있는 차를 보면 차를 세우고 서로 맞대어 배터리 충전을 도와주어야 한다. 나도 남섬의 오타고(Otago) 반도와 프란츠 요셉(Franz Josef Glacier) 빙하로 향하던 중 도움을 요청하는 차를 두 번 도와준 적이 있다. 이제 와이퍼를 사서 갈아 끼우는 것은 일도 아니다. 한국에서 남의 손을 빌려 했던 것들이 뉴질랜드에서는 내가 직접 해야 하는 것들이 많다. 환경이 사람을 바뀌게 한다.

모든 준비가 완료되었고 트렁크에 최소한의 짐만 실었다. 보조석에는 지도와 카메라, 물, 비상용 안경, 해열제 및 소화제, 소독약 등 아이들 비상약, 충전된 휴대폰을 가방 안에 넣고 필요할 때 바로 꺼내 쓸 수 있도록 준비했다. 우리는 아쉬움을 뒤로 한 채 북으로 향해 시동을 걸었다.

남섬의 마지막 목적지인 픽턴(Picton) 항구로 올라가며 카이코우라(Kaikoura), 블렌하임(Blenheim)을 한 번 더 돌아보고 갈 예정이므로 3시간 30분 이상 걸리는 카이코우라(Kaikoura)까지 부지런히 가야 한다. 게다가 카이코우라까지 가는 길은 해안선 절벽을 끼고 돌아가므로 운전 코스로는 최악이다.

출발 전 J와 C에게 주의를 주었다.

"J & C. 엄마가 천천히 운전하겠지만 안전벨트 잘 하고 이동하는 도중에는 일어나지 마. J, 멀미가 나면 엄마한테 말해. 차 세우고 쉬었다 갈게. OK?"

요즘 J가 멀미로 힘들어 한다. 나도 남의 차를 타면 멀미가 심한데 나를 쏙 닮았다. 북으로 가는 길은 험했지만 이 길을 다시 못 볼지도 모른다고 생각하니 운전하면서도 곁눈질로 옆의 해안선 바다를 바라보게 된다. 고독해 보이는 해안선을 따라 달리면서 4년 뒤 나의 모습을 상상했다. 마흔이라는 숫자가 다가온다. 그때 나는 무엇을 하고 있을까. 지금 이 느낌을 그때도 느낄 수 있을까? 카이코우라를 거쳐 블렌하임으로 향하는 길. 뒷좌석을 흘낏 보니 아이들은 머리를 맞대고 곤히 잠들어 있다. 아이들이 깨기 전에 얼른 픽턴에 도착해야겠다.

J와 C, 그리고 Youn이 타고 있는 검은색 왜건은 그렇게 열심히 달려 해가 질 무렵 픽턴 항에 도착했다.

마침내 북섬에 발을 찍다

남섬의 최북단, 남섬과 북섬을 오가는 페리를 탈 수 있는 픽턴(Picton)은 여행 책자에서 보던 것처럼 고요함 자체였다. 정말 조그마한 도시다. 처음에는 항구라고 해서 그래도 규모가 있겠지, 라고 생각했는데 생각한 것보다 더 작았다.

웅장하고 큰 페리를 기대했었는데 그런 페리는 아직 보이지도 않는다. 일단 길을 알아두려고 페리 터미널을 찾아 가니 한산한 가운데 가방을 든 사람들이 내려왔다. 북섬에서 남섬으로 건너온 사람들이었다. 페리 터미널 앞에 밴을 세우고 있던 백패커에서 나온 사람들이 자기네 숙소를 홍보하고 사람들을 태워 나갔다.

한차례 사람들이 빠져 나가고 우리가 예약한 페리 회사의 사무실을 찾아보아도 눈에 띄지 않았다. 물어보니 다른 방향에 선착장이 또 있단다. 우리는 다른 회사의 터미널에서 헤매고 있었던 것이다.

검게 그을린 피부의 마오리 할아버지가 알려준 대로 가니 처음에 보았던 터미널보다 조금 더 작은 규모의 터미널이 있었다. 원래 우리가 가진 표는 그날 저녁 표가 아닌 다음 날 아침에 출발하는 표였다.

내 계획은 픽턴에서 하룻밤 자고 다음 날 새벽에 출발하는 거였는데 막상 도착해서 차를 타고 시내를 돌아보니 적막이 흐르는 가운데 바다로 둘러싸인 픽턴에서 굳이 하룻밤을 지낼 필요가 없어졌다. 나도 이미 지쳐 오늘 밤 하루를 여기서 자더라도 내일 이른 아침에 탈 페리 시간에 맞추어 일어나기도 어려울 것 같았다. 게다가 날도 이미 어두워져서 모텔 찾아다니다가 오늘 밤은 다 지나가겠다 싶었다.

모텔 찾기를 포기하고 페리 사무실로 들어갔다. 예약한 종이를 보여주며 다음 날 아침 예약인데 혹시 오늘 밤 떠나는 페리에 여유가 있으면 오늘 출발할 수 없느냐고 물었다. 친절한 데스크 직원은 매니저에게 물어본다며 잠시 기다린단다. 차에서 내린 아이들은 벌써 신이 났다. 차를 싣고 큰 배를 탄다니 어떻게 차를 싣느냐며 질문이 쏟아졌다.

5분이 지났을까 직원이 돌아오더니 다행히 자동차까지 실을 자리가 있단다. 원래는 표 시간을 바꾸게 되면 변경 수수료가 있지만 내가 처음부터 물어볼 때 사정을 이야기하며 변경 수수료 없이 오늘 밤 탈 수 있는 자리를 알아봐 달라고 했었기에 우리는 그냥 페리에 탈 준비만 하란다. 언제 출발하느냐고 물으니 지금 바로 수속하라며 번호표를 준다. 아이들과 바로 서둘렀다.

안내원이 알려준 대로 건물 뒤로 가니 흰색 플라스틱 3개와 노란색 플라스틱 1개를 준다. 승객용 표시와 차량용 표시이다. 차종을 묻고 꼼꼼히 입력하더니 들어가란다. 이미 다른 차들이 들어온 순서대로 기다리고 있었다. 안내 요원의 지시에 맞추어 차를 세워 놓고 시동을 끄고 기다렸다. 차를 세워 놓고 차 밖으로 나와 저녁을 먹었다. 당연히 픽턴에서 음식을 좀 살 수 있을 줄 알고 아무것도 사지 않았는데 다행히 차 안에 먹다만 부스러진 머핀 조각이 있어 아이들과 나누어 먹었다.

차들을 보니 대부분 가족 단위로 여행을 하는 사람들이다. 차들이 다 크다. 차림새가 집 떠난 지 한참 되는 사람들이 대부분이다. J와 C는 완전 신이 나서 오랫동안 여행하도록 개조한 차들을 기웃거리며 그 사이를 돌아다녔다.

잠시 뒤, 안전봉을 든 사람들이 나와 앞 쪽에 놓아 둔 바리케이드를 치운다. 그런데 내 눈에 페리는 보이지도 않는다. 선착장으로 이동해야 하는 모양이다. 잠시 뒤 수십 대의 차량이 줄을 맞추어 천천히 안전거리를 유지하며 움직인다. 이런 광경은 한국 같으면 어림도 없다.

호루라기를 삑삑 부는 사람도 없고, 시끄럽게 떠들며 우왕좌왕하는 사람도, 끼어드는 성질 급한 운전자도 없다. 번호표 없이도 그냥 원래 자기 자리를 유지하며 수신호에 맞추어 움직인다. 마치 다들 여러 번 경험이 있는 사람들처럼.

앞차를 따라가며 1킬로쯤 천천히 움직였을까, 우와, 눈앞에 커다란 페리가 있었다. 일반 승객들은 승객용 문으로 탑승하면 되고 우리같이 차량을 싣고 가는 사람들은 차량을 페리 안으로 끌고 간 뒤 내리면 되는 것이다. 페리와 연결된 차량이 올라가는 철판 길이 좀 아슬아슬해 보였지만 나는 선원들의 신호에 맞추어 한 번에 잘 올라가서 그들이 원하는 방향으로 차를 돌려 단 한 번에 주차했다. 근육질의 선원들이 나에게 엄지손가락을 연신 치켜 올리고 휘파람을 불며 눈을 굴리는 오버액션을 취했다.

키위 운전자들은 넓은 땅에서 부담 없이 주차하다가 이런 곳에서 주차하려니 여러 번 앞뒤로 차를 움직이는 수고를 해야 하는데 아파트와 마트의 다닥다닥한 주차장에서 단련된 한국 아줌마의 실력이니 이런 건 식은 죽 먹기다. 칭찬을 받으니 기분은 좋았다. 한 번에 성공한 베스트 드라이버, 작은 체구의 젊은 동양 여자와 더 작은 J와 C가 차에서 내리니 배 안의 선원들은 우리에게 한 번 더 윙크를 날려주었다. 차 문을 잠그고 배 안으로 들어가니 생각보다 넓고 시설도 좋았다.

배는 2시간 넘게 해안선을 따라 돌며 천천히 움직였고 우리는 깜깜한 밤하늘의 별과 넘실대는 해안을 즐기며 마침내 북섬, 뉴질랜드의 수도 웰링턴(Wellington)에 도착했다. 페리에서 차를 내려 북섬의 땅을 밟았다. 차 창문을 내리는데 밤공기가 제법 서늘했다. 확실히 남섬의 공기와는 또 다르다. 가로등도 많고 밤 12시인데도 바에서 나오는 차림의 사람들이 제법 많이 지나갔다. 북섬은 굉장히 낯설었다. 우리는 이미 남섬 촌사람이 된 것 같았다.

J와 C는 이미 차 뒷좌석을 평평하게 펴놓고 이불까지 덮고 곤히 잠들었고 나는 의자를 뒤로 젖히고 앉아 뉴질랜드 수도 웰링턴의 깜깜한 하늘과 첫인사를 나누었다. 새로운 1년. 아직은 낯설게만 느껴지는 이 북섬과 친해질 수 있을까.

시내의 24시간 맥도널드 앞에 차를 세우고 자고 있는 아이들 깨우지 않으려 살금살금 움직여 커피 한 잔을 얼른 사왔다. 내가 애지중지 들고 다니던 남섬 지도는 어느새 잘 접혀져 트렁크 한 구석으로 보내졌고 아직은 낯선 새로운 파트너, 북섬 지도를 들여다보며 생각에 잠겼다.

날이 밝자 맥도널드 앞에서 밤새 서 있던 우리의 검은색 왜건은 슬슬 기지개를 펴고 웰링턴 시내로 움직이기 시작했고 그렇게 우리들의 북섬 탐험은 시작되었다.

(웰링턴 도착 후 뒷이야기)

J와 C, 그녀들의 엄마 Youn은 웰링턴(Wellington)을 시작으로 열흘 동안 파머스턴노스(Palmerston North), 왕가누이(Wanganui), 통가리로 국립공원(Tongariro National Park), 타우포(Taupo), 로토루아(Rotorua), 타우랑가(Tauranga), 해밀턴(Hamilton)을 거쳐 마침내 최종 목적지인 오클랜드(Aukland)에 도착합니다. 때로는 지치기도 했지만 흙과 하늘의 구름을 친구 삼아 북으로 향했습니다. 책에는 다 담지 못했지만 그 작은 순간순간을 가슴에 담고 마침내 도착했고 남섬과 또 다른 북섬의 매력에 폭 빠졌답니다. *^^*

호텔 놀이, 노숙 패밀리

여행을 다니다 보면 예상하지 못한 상황이 항상 발생한다. 특히 배낭여행처럼 움직여야 하는 여행은 거의 100%다. 가족 간, 아주 친한 친구 사이라도 24시간 함께하다 보면 꼭 말 못한 뭔가가 마음에 생겨서 여행 중 혹은 여행에서 돌아와 서로에게 섭섭한 마음을 감추지 못할 때가 생긴다.

그에 관하여 나도 아주 당황스러운 첫 기억이 있었는데 프랑스 어느 곳에서 나와 어찌해서 길을 동반하게 된 그녀가 갑자기 나에게 쏘아붙였다.

"그래서 사람들이 너보고 이상하다고 그랬구나! 그 말을 들을 걸 괜히 같이 다니자고 했네."

도대체 무엇 때문에 그런 말을 갑작스럽게 하는지 나는 어이없어 했고 오히려 내게 온갖 민폐를 끼친 그녀가 생뚱맞게 화를 내며 이렇게 말을 하니 당황스럽기 그지없었다. 그 이후 당연히 나는 그녀와 함께할 이유가 없었으므로 바로 그녀와 헤어지고 갈 길을 갔다.

가족 여행도 마찬가지이다. 패키지가 아닌 이상 온 가족이 함께 길을 다니다 보면 당연히 불협화음이 생긴다. 그래서 여행을 할 때 가장 기본이 되는 것은 규칙과 양보이다.

규칙은 여행하기 전 누가 어떤 역할을 할 것인지 반드시 사전에 나누고 두 명이서 여행을 하든 그 이상이든 사전에 협의하여 만든 규칙을 큰 변동이 없는 한 되도록 지키는 것이 좋다. 양보도 빠질 수 없다. 나보다도 상대방을 항상 배려하지 않으면 그 섭섭함이 보이지 않는 틈에 쌓이고 쌓여 어느 순간 폭발한다. 날씨 푹푹 찌는 유럽 여행 중 물 한 통을 사서 같이 나누어 마시던 친구 두 명 중 한 명이 마지막 남은

물을 그냥 들이켜 버리자 다른 친구 한 명이 '폭풍 분노'를 하고 급기야 의절한 경우도 보았다. 그것뿐만이 아니다. 나는 이쪽을 먼저 보고 싶은데 친구는 아직도 다른 곳 구경하느라 걸음이 느리다. 그것도 짜증난다. 이런 것들이 별것 아닌 것 같지만 사람 사이를 갈라놓는 데 일등공신이다.

나와 J&C도 마찬가지다. 아이들이 어려도 내가 엄마라도 규칙은 규칙이다. 역할 분담도 철저하다. 일단 엄마인 나는 말한 것을 지킨다. 예를 들어 10분 있다가 자동차를 멈추고 쉬기로 했으면 지각변동이 나지 않는 한 10분 뒤 차를 멈춘다. J와 C가 여행지에서 먹고 싶거나 사고 싶은 것이 있으면 다 사 줄 수 없으니까 몇 개를 제시하고 그중 가장 좋은 것 하나를 고르게 하고 고른 것을 사준다. 단, 어렵게 구입한 것을 제대로 관리하지 않고 구석에 놓고 잊어버리거나 한번 먹어보고 맛이 없다고 안 먹으면 다음 기회 한 차례가 줄어든다.

역할 분담은 비교적 간단하다. 가장 큰 것은 엄마가 하지만 내가 티켓팅을 하거나 인포데스크에서 무엇인가를 물어보고 있을 때 J와 C는 함께 손을 잡고 있거나 바닥에 앉아서 우리 가방을 지키고 있어야 한다. 음식을 사 먹을 때는 기본 메뉴는 내가 주문하지만 일단 자리에 앉으면 냅킨이나 물이 더 필요할 때 자리에서 일어나서 얻어 오는 것은 J와 C의 몫이다. 국내선 국제선 공항에서 이동할 때 내가 자리에 앉아서 쉬고 있으면 눈앞에 보이는 것이 무엇인지 돌아보고 와서 설명을 해주는 것도 J의 역할이다.

그리고 가장 기본이 되며 중요한 것은 어디서나 잘 자고 잘 먹기. 이 규칙은 우리의 긴 여정 중 꿋꿋하게 지켜져 왔고 급기야 공항 바닥 노숙을 해야 했던 시드니 공항에서도 '어디서나 잘 자기' 항목은 여전히 적용되었다. 크라이스트처치에서 시드니 공항을 거쳐 시드니 여행을 간단히 한 후 비행기 편을 확인하니 다음 날 이른 아침 비행기였다. 큰 짐을 다 들고 저렴한 모텔 찾기도 힘들었고 그렇다고 몇백 불이나 하는 공항 근처 비싼 호텔비를 지불할 형편도 안 됐다. 답은 간단했다. 공항에서 밤 보내기.

나야 여행 중 공항에서 밤 새운 경험이 많으므로 걱정 없었지만 아직 어린 J와 C는 좀 어렵지 않을까 살짝 걱정을 했었다. 차 안에서 자는 것은 익숙하지만 사람들 많이 다니는 공항이라서 아이들이 어떻게 받아들일까 궁금하기도 했었다. 시드니 시내를 돌아 본 뒤 다시 열차를 타고 공항으로 돌아왔다. 돌아오면서 시내 울월스에서 밤새 먹을 과자와 우유도 샀다.

J와 C는 좋아서 죽겠단다. 엄마 손 한쪽 비닐봉지에 쿠키가 꽉 담긴 과자 봉지가 있으니 그 안만 흘끔흘끔 쳐다보았다. 애들은 애들이나. 외국 여행을 와서도 그저 슈퍼에서 산 과자 봉지만 바라보며 좋아하고.

공항에 도착한 나는 J와 C에게 설명을 했다.

"J & C. 오늘 우리 여기서 잘 거야."

사람들 많이 다니는 에스컬레이터 앞 의자에 앉아서 엄마가 여기서 잘 거라고 하니 J와 C는 눈이 동그래졌다. 그 다음 아이들의 대답.

"와! 재밌겠다. 진짜요? 와!"

앗싸. 성공했다. 공항 노숙이 '호텔 놀이'란다. 애들이 좋다는데 뭐, 호텔비도 아끼고 내일 아침 서두르지도 않고 좋다.

일단 역할 분담을 한 대로 J가 먼저 다니며 앞쪽에는 어떤 의자가 있는지 엘리베이터와 화장실은 어디에 있는지 정찰을 했다. 우리는 공항 카트에 짐을 싣고 시드니 공항 이곳저곳을 돌아다니며 구경을 했다. 큰 창밖으로 보이는 여러 나라 비행기도 아이들의 구경거리가 되었고 귀에 귀막이를 하고 손으로 신호를 보내는 아저씨들도 우리들의 구경거리가 되었다.

그렇게 돌아다니다 밤 11시가 되자 우리는 잠을 잘 자리를 잡았다. 한쪽 구석 의자에 침낭을 펴고 앉았다. 다리를 쭉 펴고 나는 책을 폈다. 아이들은 더 이상 엄마가 안 움직이는 걸 알고 자기들끼리 돌아다니며 눈앞에서 왔다 갔다 했다. 12시가 넘자 그렇게 팔팔하던 C가 옆에 앉더니 그냥 스르르 곯아떨어졌다. 얼굴만 쏙 내밀고 어찌나 잘 자던지 지나가던 사람들이 한 번씩 보고 씩 웃었다. J는 잠이 안 오는지 한 번 더 돌아다니며 어느 가게에서 아직 커피를 팔고 있는지, 아저씨가 청소를 하고 있는지 생중계를 해 주었다.

그리고 1시간 뒤, J도 잠이 들었다. 아이들이 그렇게 잠들고 나서 새벽 2시가 되자 공항 직원이 와서 여권과 비행기 표를 보여 달란다. 노숙자가 아닌 것을 확인한 뒤 새벽 5시 전까지는 이 구역 밖으로는 나가지 말란다. 채 3시간도 안 남았다. 시간은 참 빨리도 간다. 아이 둘 다 너무나 잘 잔다. 잠든 아이들 얼굴에서 그동안 많은 일이 있었던 뉴질랜드 스토리가 스쳐갔다.

동이 트는 것을 바라보며 생각에 잠겼다. J와 C가 자라서 시드니 공항을 다시 왔을 때 자기들이 자던 이 자리를 기억할 수 있을까? 그때쯤 되면 나도 나이 들어서 그때는 이렇게 밖에서 지내라고 해도 못 지내겠지.

날이 밝고 항공사 데스크 직원들이 하나 둘씩 모닝커피를 들고 나오기 시작했다. 그들은 고요한 공항 분위기를 순식간에 활기차게 만들어 버렸다.

그날의 시드니 공항 노숙은 우리들의 여행 노트에 또 다른 한 줄을 그어 주었다.

J&C! 우리 다음에도 10년 후에 여기서 호텔 놀이 하는 거야. 그때는 엄마가 먼저 잘 테니까 너희들이 돌아가면서 정찰하고. OK?

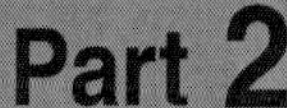

Pre-School in NZ
뉴질랜드 유치원 이야기

3개월부터 5세까지 다 모여

눈이 부시도록 뜨거운 햇살이 채 나오기도 전에 C는 눈을 비비며 일어나서 주섬주섬 침대 아래에 놓인 헐렁한 바지를 입었다. 혼자서 화장실을 다녀오고 머리 묶을 끈을 찾아서 내게 왔다.

C가 아침 일찍부터 조용히 움직이는 데는 다 그만한 이유가 있었다. C는 프리스쿨 문 여는 시간 아침 7시부터 문 닫는 시간 오후 6시까지 그것도 월요일부터 금요일까지 풀타임(Full Time)으로 예약한 '가장 비싼 고객'이다. 첫해 남섬에서 1년을 보낸 뒤 지금은 오클랜드, 집 근처의 프리스쿨에 다닌다.

오클랜드로 옮긴 후로 처음에는 주 4회 Short Day(오전 8시 30분~오후 3시)에서 주 5회 Short Day를 거쳐 마지막 4개월은 주 5회 Full Day(오전 7시~오후 6시)까지 예약을 하여 낮 시간에는 집보다 프리스쿨에서 대부분 시간을 보낸다.

이렇게 긴 시간을 예약한 이유는 C가 강력히 원했기 때문이다. 처음에는 낯설어하던 프리스쿨을 이제는 완전히 적응하여 집에 올 시간이면 가기 싫다고 떼를 부려 선생님들이 쿠키를 하나 쥐어주며 엉덩이를 밀어야 문밖으로 나갔고 토요일 아침부터 일요일 오후까지 언제 프리스쿨을 가느냐고 계속 물어보는 바람에 한국으로 돌아가기 4개월 전부터는 아예 완전 풀타임을 예약했다. 물론 비용은 더 든다.

C와 같은 0세에서 5세 미만, 즉 미취학 아동들을 대상으로 하는 유아 교육기관의 대상을 간략히 이야기하면 이렇다.

한국과 마찬가지로 뉴질랜드도 유아 교육기관이 많은데 정부의 지원도 상당한 편이고 종류도 무척 다양하다. 처음에 얼핏 보면 좀 헷갈린다. 이름도 Day Care, Play Center, Play Group, Kindergarten 등 비슷한 것 같으면서도 혼동될 때가 많다. 운영 형태나 규모도 지역 커뮤니티에서 오전에 잠깐 운영하는 곳, 개인이 운영하는 곳, 3세 이상만 다니는 공립 유치원, 3개월부터 5세까지 브랜드 네임이 있는 대형 체인점까지 선택의 폭은 많다. 가격도 천차만별이다.

지역 커뮤니티(Community)와 학부모의 참여가 많은 플레이센터(Play Center), 플레이그룹(Play Group), 공립유치원의 형태인 킨디(Kindergarten)는 저렴한 편이고 딱 보아도 세련된 간판에 규모도 좀 크면서 전국에 체인점을 둔 사설 센터는 가격도 공립 유치원이나 지역 커뮤니티보다는 비싸다.

처음에는 구분이 잘 안 되지만 자세히 보면 종류만 다닐 뿐이지 3개월 된 아기부터 5세 이전 나이의 아이들이 대상이므로 관심 있는 엄마들은 여러 군데 들어가 보고 운영 형태, 시간, 교육비 등 아이에게 맞는 곳을 고르면 된다.

휘리릭~~ 뉴질랜드 유아 교육기관 살펴보기 

◈ **Play Center**

0-5세. 교육비는 저렴하나 부모 참여가 높음

◈ **Play Group**

0-5세. 지역 커뮤니티에서 운영

엄마들이 함께 참여하는 형태이므로 육아 정보를 얻기에 유리

◈ **Kindergarten**

'킨디'라고 부름. 만 3세-5세 미만

정부 보조를 받아 운영함

대기자가 많은 편이므로 3세 미만도 미리 예약을 함

교육비가 저렴함

우리나라의 공립 유치원 개념으로 생각하면 됨

◈ **Pre School**(Day Care)

3개월-5세미만. 대략 오전 7시부터 저녁 6시까지 운영함

맞벌이 부부 증가로 많은 아이들이 이용함

대부분 사설이며 우리나라의 어린이집, 사설 유치원 개념임

시간은 킨디(Kindergarten), 플레이센터(Play center)의 경우 오전 9시부터 문을 여는 곳이 대부분이고 오후 3시 이전에는 문을 닫는다. 플레이그룹(Play group)도 주2~3회만 문을 여는 곳이 많다.

이렇다 보니 풀타임 직장을 가진 엄마들은 아예 이른 아침부터 맡길 수 있는 사설 유치원이나 프랜차이즈 형태의 프리스쿨을 찾는다. 따라서 집에서 아이를 보는 엄마들이나 잠깐씩 파트타임으로 일하는 엄마들은 집 근처 플레이센터나 플레이 그룹, 킨디에 보내고 풀타임으로 일하는 맞벌이 가정은 오전 7시부터 오후 6시까지 아이를 맡길 수 있는 프리스쿨을 선택한다.

이런 분위기이다 보니 내가 C의 스케줄을 풀타임으로 바꾸겠다는 신청서(Request For Booking Change)를 제출하니 취직했느냐고 한마디씩 물었다. 내가 웃으면서 취직해서가 아니라 C가 원해서 시간을 늘린다고 하자 다들 웃었다. 자기들끼리 웃는 걸 보니 C가 프리스쿨에서 꽤나 말괄량이인가 보다.

전체적인 대상은 그렇고 구체적으로 아이들 반은 어떻게 나눌까? 우리나라와 똑같이 나이로 나눈다. 3개월부터 5세 미만의 아이들을 받는 프리스쿨의 경우 크게 3세 이전과 3세 이후 반으로 나누고 여기서 다시 선생님 한 명당 아동 몇 명(보통 교사 1명당 아동 8명)으로 나눈다. 아이들과 여러 명의 선생님들은 함께 활동하지만 누구, 누구는 어느 선생님이 집중 관리하는지 즉 한국의 담임선생님과 같은 시스템으로 짜여 있다.

아이를 맡은 선생님은 평소에도 해당 아이의 부모와 수시로 많은 이야기를 하며 아이의 프리스쿨 생활 전반에 대하여 모두 알 수 있도록 적극 돕는다. 맡은 아이의 그림, 조형물 등 사소한 작품도 잘 보관하여 포트폴리오 파일에 끼워 부모가 열람할 수 있도록 한다. 아이만 데려다 주고 데려오기만 하며 인사 이외에 말이 없는 학부모는 자녀에 대해 무관심한 학부모가 되므로 선생님과의 잦은 대화를 통하여 많이 듣고 말해주는 피드백이 수시로 필요하다.

혹여 언어 때문에 선생님과의 대화가 어렵다는 학부모들은 걱정하지 마시기를. 뉴질랜드 유치원에는 무섭게 겁나는 키위 영어를 속사포처럼 쏟아내는 유치원 선생님들은 별로 없다. 어린 아이들과 함께하는 교사들답게 누구나 알아들을 수 있도록 천천히 차분하게 말하는 사람이 대부분이다. 그리고 영어가 모국어가 아닌 지역에서 이민 온 유치원 교사들도 많아서 영어에 주눅이 들어 무서워 할 필요가 없다. 플레이그룹이나 플레이센터도 마찬가지이다. 국적이 다양한 아이들과 초보 엄마에 대하여 경험 많은 사람들이므로 혹여 '영어가 안 되어서……' 하는 소심하고 뻔한 이유는 접어 두고 매사에 적극적인 자세가 필요하다.

그리고 마지막으로 가장 중요한 것은 바로 이것, 엄마의 직감이다. 내 아이에 대한 이야기는 단어 한 마디만 들어도 무슨 말을 하고 싶은지 부모의 직감으로 알아채지 않는가. 할 말이 있다면 혹은 들어야 할 이야기가 있다면 걱정하지 말고 시도하라. 세계 어느 곳을 가든 내 자녀에 대한 충고와 조언을 들을 기회가 있다면 귀를 열고 마음을 열고 경청하는 자세는 우리 엄마들에게 득이 된다.

한국 유치원에서의 불편한 기억

큰아이 J와 C는 뉴질랜드에 오기 전에 다른 아이들보다 좀 더 일찍 어린이집 생활을 시작했었다. 걸음마를 할 무렵부터 출근 시간 늦지 않게 종종거리며 아파트 1층 놀이방으로 아이 손을 잡아끌고 우는 아이를 밀어 넣고 급하게 직장으로 향했다. 그 기간에는 우울한 순간들이 정말 많았다. 아이에 대하여 경험도 없을 뿐더러 퇴근하면 피곤한데 아이를 찾아 집으로 함께 돌아오는 순간부터 제2의 직장이 시작되었다. 주말이 되면 밀린 집안일 하랴 첫 손주 보러 오시는 가족들 맞으랴 정신없이 고되고 바빴다.

시간은 좀 더 흘러 큰딸 J가 3살이 되어 제법 어린이 티를 내며 가방을 메고 동네 아파트의 어린이집이라는 곳에 발을 들였을 때 좀 더 쉬워질 줄만 알았던 육아 문제는 그게 끝이 아니었다. 보내기만 하면 될 줄 알았는데 은근히 신경 쓰이는 게 많았다. 엄마 손이 필요한 준비물도 많았고 비용도 계산이 복잡했다. 신용카드는 아예 받지도 않았고 현금만 받도록 처음부터 통장 계좌번호가 적혀서 안내되었다.

월별 교육비 외에도 입학금, 가방, 원복, 다양한 교재비, 준비물 명목으로 따로 돈을 냈고 3개월마다 한 번씩 간식비에 특별활동비라며 나누어 현금으로 따로 받았다. 연말 정산은 월별로 내는 교육비만 영수증을 끊어 준난다. 너무 복잡했다. 그리고 각각이 현장학습비를 내라는 안내장이 올 때면 짜증이 났다.

비용도 비용이거니와 연말에 하는 재롱잔치나 학예회라는 명목의 행사에 참여할 때면 그 실망감은 더 컸다. 인터넷에서 볼 수 있는 유치원 재롱잔치 동영상을 그대로 옮겨 놓은 것 같았다. 남자 아이는 반바지에 흰색 스타킹, 여자 아이는 치마에 흰색 스타킹을 신고 유행가에 맞춰 춤을 추거나 동요 CD를 틀어 놓고 율동을 하는 모습, 이벤트 업체에서 나온 젊은 남자 사회자의 틀에 박힌 멘트, 캠코더를 들고 와서 자기 아이 나오는 순서만 되면 주위 사람은 아랑곳하지 않고 앞으로 가서 들이대는 부모들. 이런 행사를 준비하는 선생님들의 얼굴을 너무 힘들어 보였고 아이들은 대여된 옷을 입고 틀에 맞춘 듯 움직였으며 제 아이 사진 찍기 바쁜 부모들로 아수라장이 되었다. 정작 즐거워야 하는 행사는 즐기는 것이 아니라 꼭 보여주어야 하는 통과의례처럼 여겨졌다.

그럼 뉴질랜드 유치원은 어떨까?

일단 우리나라처럼 2월부터 대부분 유치원이 대대적으로 입학 기간을 홍보하며 아동을 받지 않는다. 그 대신 사설 프리스쿨의 경우 'Enrollment(등록)'라는 자체 간판을 문 앞에 게시하여 눈에 띄게 해 놓은 곳도 있다. 학교 시스템도 만 5세가 되면 특별한 입학식 없이 그 다음 날 학교에 입학할 수 있으므로 프리스쿨도 아무 때고 학부모가 원하는 때에 직접 가서 원서(Application)를 내고 자리가 있으면 바로 들어가고 자리가 없으면 자리가 날 때까지 기다려야 한다.

유치원 비용은 사설 프리스쿨의 경우 입학금으로 50불가량 걷는 곳도 있지만 대부분은 내지 않고 그냥 받아준다.(공립 킨디나 플레이그룹, 플레이센터는 거의 없음) 같은 체인점이라 하더라도 센터에 따라 다르므로 물어봐야 한다. 그 외에는 명시된 금액 외에 따로 들어가는 돈은 거의 없다. 일 년에 두 번 정도 현장학습(주로 아동연극, 콘서트, 미술관 등)을 가는데 그것도 희망자에 한하여 버스 비용만 부담한다. 대략 7~8달러 내외이다. 희망하지 않는 아이는 그 시간에 남아 있는 선생님과 다른 활동을 하면 되므로 원하지 않으면 눈치 보지 않고 안 가겠다고 No에 동그라미 치면 그만이다.

그 밖에 우리나라 유치원처럼 별도의 방과 후 활동 교육비 등은 없지만 가끔 센터마다 외부 회사의 단기 프로그램을 소개하는 경우는 있다. 이런 경우는 전문 체육 강사가 센터에 와서 따로 가르치는 활동(예: 크리켓, 볼링, 축구 등)인데 참가하고 싶은 학부모는 따로 신청하면 해당 활동에 참가할 수 있다. 하지만 유치원 센터 프로그램만 해도 충분하므로 많은 학부모가 참여하는 분위기는 아니다. 물론 이런 활동을 처음으로 맛보게 하고 싶어 하는 아이 부모들은 흔쾌히 따로 신청한다. 1회당 4불가량, 10회, 40불 이런 식으로 묶어 신청을 받는다.

이제 유치원 비용에 대하여 살펴보자.

교육비는 주당(Week) 계산한다. 선불로 지불하며 매주 돈을 내든 한 달에 한 번 내든 그건 개인이 알아서 하면 된다. 결제 방식은 신용카드, 현금, 인터넷뱅킹 등 다양하다. 특이한 사항은 뉴질랜드는 복지국가답게 ECE(Early Childhood Education)라는 명칭 아래 20시간 무료 교육 시스템을 적용한다. 만 3~4세 사이의 아이들이 유치원, 데이케어 등을 다니는 경우 해당 교육기관이 ECE 지원을 받는 교육기관이라면 주당 20시간에 대한 비용을 공제한 후 20시간 초과분부터 학부모에게 돈을 받는다. 즉, 무료 20시간 ECE에 해당하는 비용은 나라에서 해당 교육 기관에 지원해 주는 시스템으로 대부분의 교육기관이 20 Hours ECE에 해당한다.

20 hours ECE 적용은 시민권, 영주권과 상관없이 유치원에 등록한 나이만을 보고 모두에게 적용하므로 비싼 학비를 내고 다니는 유학생들의 상황에 견주어 볼 때 유아교육은 체류 상태의 차별 없이 20시간 모두 혜택을 준다니 실로 엄청난 혜택이다. 더욱이 요즘 환율이 고공행진 중인 마당에 반갑지 않을 수 없다.

유학으로 뉴질랜드를 선택해야 하는 이유 중 하나를 저렴하다고 광고하는 일부 유학원들이 있는데 그런 말은 몇 년 전의 이야기이다. 물론 아직도 저렴하다고 느낄 수 있는 부분이 없지 않아 있지만 저렴하다고 말할 만큼 저렴하지는 않다. 유학을 온 엄마들 이야기가 처음 생각한 비용보다 최소한 1.5배는 더 쓰게 되고 보통 2배는 쓰게 된다고 한다. 이런 상황 속에서 영주권자도 아닌 아이를 현지 아이들과 똑같이 20시간 무료 혜택을 준다니 고마운 일이다. 이런 제도가 언제까지 이어질지는 모르겠지만 당분간은 계속될 것 같다.

우리나라도 만 5세 공통 교육과정이 시행되며 유치원 학비를 절감할 수 있는 방안이 구체적으로 발표되었으니 교육비를 걱정하며 살아가는 대한민국 대부분의 가정에 실질적인 도움이 되었으면 좋겠다.

<table>
<tr><th rowspan="2"></th><th rowspan="2">Under 3s
(만 3세 미만)</th><th rowspan="2">Over 3s
(만 3세 이상)</th><th colspan="2">Over 3s with 20 Hours ECE attestation</th></tr>
<tr><th>1-3 Days</th><th>4 Days</th></tr>
<tr><td>Short Days 8.30am-3.30pm
(min 7 hours)</td><td>$52</td><td>$49</td><td>$21.60 per Day</td><td>$104</td></tr>
<tr><td>Full Week
5 Short Days</td><td>$260</td><td>$245</td><td colspan="2">$152</td></tr>
<tr><td>Full Day
(min 8 Hours)</td><td>$64</td><td>$56</td><td>$29.60 per Day</td><td>$136</td></tr>
<tr><td>Full Week-5 Full Days</td><td>$290</td><td>$255</td><td colspan="2">$167</td></tr>
</table>

교육비 표 보는 법

(예시)

▶ **Short Day** : 8.30am~3.30pm 예약. 일찍 보내거나 늦게 데리러 가면 안 된다.

▶ **Full Day** : 센터마다 다르나 말 그대로 Full 예약한 경우 해당. 문 여는 아침부터(보통 7시) 문 닫는 시간(오후 5~6시 가량)까지 이용할 수 있다. 교육비는 가장 비싸다.

▶ **만 3세 미만 아동** : Under 3s(만 3세 미만)는 ECE 20시간 지원이 안되므로 Short Day $52(1일), Full Day $64(1일)이다. 월요일부터 금요일까지 모두 보낼 경우 Short Days $260(5일), Full Days $290(5일)이다.

▶ **만 3세 이상 아동** : Over 3s(만 3세 이상) 금액은 ECE 적용을 안 했을 경우 즉, 원래의 가격을 보여준다. 그러나 대부분 교육기관이 ECE 금액을 적용하므로 학부모들이 실제로 내는 금액은 그 옆의 Over 3s with 20 Hours ECE attestation 칸에 해당하는 금액을 지불한다. 월요일부터 금요일까지 Short Days로 보낼 경우 $152(주당), 일주일 중 4일만 보낼 경우 $104(주당) 5일 모두 Full Days로 보낼 경우 $167(주당)이다.

뉴질랜드 유치원에서의 불편한 기억 

그렇다면 뉴질랜드의 유치원은 까다로운 엄마들에게 깔끔한 100점을 받을 수 있을까? 그건 교육 수요자에 따라 다르다. 영어권 유치원을 보내다 보면 처음에는 그저 가서 적응해 주는 아이가 대견스럽고 고맙기 짝이 없다. 영어 한두 마디가 금세 늘어 집으로 돌아오는 길에 자연스럽게 입에서 나오는 것을 들으면 엄마의 마음은 녹아내린다. 그러나 이것도 일시적인 것일 뿐이다. 시간이 흐르면 눈에 보이는 한두 마디 영어보다도 더 중요한 것들을 잠시 잊고 있었음을 엄마들은 깨닫기 시작한다. 유아교육 기관을 고를 때 심사숙고하게 되는 선생님, 프로그램, 교육 환경, 함께 지내는 친구들 등 영어라는 장벽으로 잠시 눈에 보이지 않았던 것들이 보이기 시작한다.

구체적으로 점심 및 간식, 먹을거리에 대하여 이야기해 보자. 이에 관하여 두 가지의 선택이 있다. 런치박스 안에 하루 종일 아이가 먹을 것을 준비해서 가는 곳이 있고 아무것도 들려 보낼 필요 없이 비용에 다 포함되어 있는 곳이 있다. 그것은 센터마다 다르다. 따라서 센터를 고를 때 이 부분을 잘 확인하여 선택해야 한다.

런치박스를 지참하여 가는 경우는 그나마 낫다. 엄마가 직접 준비하면 된다. 그러나 엄마의 취향대로만 준비할 수는 없는 노릇이다. 아이들 나이가 어린 만큼 입에 한 번에 넣을 수 있도록 작게 만들어 주거나 바닥에 흘리면 냄새가 심하거나 처치 곤란한 음식은 안 싸가는 것이 좋다. 그러다 보니 선택의 폭이 점점 줄어든다.

C도 런치박스를 준비해 가야 했으므로 내일은 뭘 싸 보낼까 전날 밤부터 고민한다. 처음에는 꼬마김밥, 주먹밥도 자주 싸 보냈는데 테이블과 바닥의 찐득찐득한 밥풀을 닦아내기가 쉽지 않다는 선생님의 농

담 섞인 진담을 들은 후, 샌드위치나 빵 종류 이외에 별다른 특별한 것이 없었다.

다른 아이들의 런치박스를 살펴보니 슈퍼에서 파는 통조림도 많이 싸 오는데 나는 아무리 야채가 가득 들었다고 선전하는 통조림이라도 그 안의 첨가물이 자꾸 떠올라서 선뜻 손이 가지 않았다. 또 햇볕 귀한 겨울철, 햇빛이 든 틈을 놓치지 않고 야외 놀이터에서 한손으로는 흙장난을 하며 다른 한손으로는 크래커를 먹도록 나누어 주는 장면을 보게 되었을 때는 가슴이 철렁 내려 앉았었다. 물론 매일 있는 일은 아니지만 말이다.

이렇게 그냥 1년이 흘렀고 우리는 북섬의 다른 유치원으로 오게 되었다. 북섬의 센터에서는 런치박스는 준비 안 해도 비용에 다 포함이 되어 있다고 하니 그건 정말 편했다. 그런데 먹을거리에 대한 고민은 여기도 마찬가지였다.

C가 와서 오늘은 무엇을 먹었는지 한껏 자랑을 하는데 들을 때마다 차라리 모르는 게 낫겠다는 생각이 들었다.

"Mummy, I was so lucky. Today I ate two choco muffins."

이 말을 시작으로 그 다음에 먹은 것을 수르륵 이야기하는데 우리의 기준으로 대부분 음식이 아니라 설탕과 버터가 가득 든 기피용 간식에 해당하는 거다. 그나마 좀 괜찮은 날은 마카로니, 파스타, 소시지 등이다. 아이들이 오전 시간에 직접 쿠키를 반죽하여 만들기도 하지만 설탕과 버터를 듬뿍 넣은 홈메이드 쿠키가 정답은 아니다.

하긴 주식이 빵이니 이런 것을 가지고 불평하는 내가 이상할 수도 있다. 하지만 따뜻한 국과 밥이 나오는 우리나라 단체 급식 문화에 젖어 있다가 설탕과 버터가 가득한 빵 조각, 햄, 소시지를 물고 다니는 아이를 보면 음식 때문이라도 오래 체류하기는 어렵다는 생각이 들었다. 게다가 이런 음식을 계속 먹어서인지 아이의 음식 습관도 점점 변하는 것이 눈에 보였다.

식사 후 이 닦는 습관을 들이지 않는 것도 의문점이다. 손은 자주 씻기지만 양치하도록 독려하는 것은 못 보았다. 그러고 보면 뉴질랜드 아이들은 충치도 안 생기고 타고난 건치를 가졌나 보다. 다른 엄마들은 가만히 있는데 나만 쓸데없이 그런 걸 걱정하는 것 같았다. 그래도 자꾸 신경이 쓰여서 하루는 C에게 양치 컵을 주면서 말했다.

"C, 너 런치 먹고 나면 화장실 가서 '음, 퉤!' 이거 3번만 해. 알았지?"

입에 물을 가득 넣고 가글하는 시범도 보여주었다.

고개를 끄덕이며 간 C에게 며칠 뒤 양치 컵이 생각나서 물었다.

"아참, 너 가글 잘 하고 있지?"

갑작스런 엄마의 질문에 C의 표정이 무척 어두웠다.

"제시카가 '음, 퉤!' 하러 간다니까 그런 건 안 해도 된다고 그냥 앉으래요."

오 마이 갓. 일부러 컵에 이름까지 써서 보냈건만 컵도 잊어버렸단다. 그날 나는 그냥 애써 포기하고 혼자 생각했다.

'그래, 그냥 아무 일 없기를 바라자. 괜찮을 거야. 그것 좀 먹는다고 이가 다 썩어버리거나 갑자기 아이가 비만이 되겠어? 그리고 다른 애들도 다 괜찮다고 하잖아. 내가 민감한 거겠지. '

애써 이렇게 생각했지만 요즘 왜 이리 뉴질랜드 비만 아동들이 눈에 띄는지 모르겠다.

『여러분, 아시나요? 뉴질랜드가 미국 다음으로 비만 국가, 세계 2위라는 사실을요. 장난 아니게 뚱뚱한 사람들 정말 많습니다. 교복 입은 아이들은 대부분 날씬해도 20대를 넘어선 여자들과 아저씨들. 살이 정말 심각합니다. 애교 수준이 아니라 살기 힘들 만큼요. 그게 다 어릴 때부터 은근히 먹여놓은 버터와 설탕 덩어리 때문이라면 유치원에서 아이들이 먹게 되는 쿠키 한 조각도 예사로 보이지 않는답니다.』

하루 일과가 궁금해

아이를 일단 맡겨 놓고 나오면 잊고 있다가 아슬아슬한 픽업 시간에 퍼뜩 놀라며 서두르는 나 같은 엄마가 있는 반면에 걱정 반 초조함 반으로 시계만 바라보다가 픽업 시간이 되기도 전에 도착하여 뒤에 앉아 아이를 바라보고 있는 엄마도 있다. 이 엄마들은 분 단위로 유치원 활동 시간표를 꿰고 있다. 대단한 엄마들이다.

그것도 모자라 수업을 마친 다음에도 선생님을 붙들고 아이에 관한 이야기를 묻고 바로 어제 한 이야기도 반복한다. 자녀에 대하여 많은 정보를 알고 교사에게 알려주는 것도 좋지만 그것이 넘치면 오히려 안 하는 것만 못하다. 유치원 안에서 자녀가 무엇을 하는지 엄마가 궁금해 하든 궁금해 하지 않든 아이들은 정해진 스케줄대로 하루하루를 바쁘게 보낸다.

궁금한 엄마들을 위하여 꼬마들의 프리스쿨 하루 일과표를 공개한다. 센터마다 약간씩 다르지만 대부분 비슷하다.

이렇게 생활합니다.

Pre - School Daily Routine

7:00~9:00 Arrival Time

도착해서 인사하고 돌아다니면서 놀기

개인 사물함에 재킷과 모자 벗어 놓기

아이들 대부분 스스로 하도록 교육 받음

일찍 온 아이들은 우유에 콘플레이크 먹어도 됨

특별식(채식주의자, 알레르기 있는 아이 등)이 있는 아이들은 이름을 써서 냉장고에 음식을 넣어 둠

약을 먹어야 하는 아이는 부모 사인이 필요하므로 선생님에게 약을 주고 폼(form)에 약 이름, 복용 시기를 자세히 쓰고 사인을 함
그것 없이는 절대 아이에게 약을 안 줌
처음 온 아이들은 엄마와 떨어져서 우느라 매우 시끄러움
아이들 달래느라 선생님들도 매우 바쁨
이 와중에 쓸데없는 수다를 떨며 빨리 안 가는 눈치 없는 엄마들도 많음

9:00~9:30 Mat Time
하루 시작. 인사, 날씨, 생일 축하, 그 날의 특별한 메시지 등을 빙 둘러 앉아 노래와 함께 함
아이들을 가르치는 선생님뿐 아니라 행정 스태프들의 생일도 진심으로 축하해 줌
선생님 생일에 해당 선생님은 아이들에게 아이스크림콘이나 머핀을 돌리기도 함

9:30~11:30 Indoor / Outdoor Play
교육활동 시작. 음악, 미술, 과학, 체육, 수학 등 다양한 활동을 함
활동의 정도는 아이의 옷에서 그날 무엇을 했는지 바로 알 수 있음
우리나라처럼 예쁜 원피스에 구두 신겨 보내는 것은 축구장에 발레복을 입혀 보내는 것과 같다고 생각하면 됨
헐렁한 티셔츠에 바지는 기본. 선크림은 집에서부터 발라서 보내야 함

10:00~10:30 Morning Tea
아침 간식 시간. 간단한 조각 과일이나 크래커 등이 제공됨
먹고 스스로 접시를 치워야 함

안 먹는 아이는 억지로 먹이지 않고 바로 버림
그러나 활동량이 많아 대부분 아이들은 남기지 않고 다 먹음

11:30~11:40 Tidy up Time
노래를 부르며 다 함께 정리함
일반적인 장난감 외에도 여러 가지 활동 도구가 많아서 우리나라 유치원보다 치우는 데 훨씬 더 손이 많이 감

11:40~12:00 Group Mat Time
자기 그룹 선생님과의 시간
소규모로 이루어지므로 다 함께했던 시간보다 좀 더 친밀감이 있음
스토리, 토의 등으로 진행됨
선생님은 이 시간에 아이들의 행동을 더 유심히 살펴보고 부모에게 수시로 이야기해 줌

12:00~12:30 Lunch Time
점심 식사 시간. 선생님은 함께 앉아서 식사 예절 등을 지도함
런치박스를 가져 온 아이는 자기 것을 찾아서 먹으면 됨
제공되는 센터: 주식(빵, 토스트, 샌드위치, 파스타, 소시지 등 메인 한 가지) + 과일 조각, 크래커

12:30 ~2:20 Activity
오전과 같은 다양한 활동을 함
오전반만 하는 아이는 시간이 되면 중간에 나감
선생님도 아이들과 함께 앉아서 무엇을 하거나 같이 나가서 놀고 있음

2:20~3:00 Afternoon Tea

오후 간식 시간. 오전과 비슷하나 크래커 등 칼로리가 좀 나가는 비스킷 종류가 포함되어 있음

활동으로 지쳐서인지 이 시간이 가장 조용함

오후 간식을 먹은 후 일부 아이들이 귀가하기 시작함

3:00~3:30 Music & Story Time

오후 활동의 마무리

음악과 춤으로 하루를 마무리하며 이 시간 많은 부모들이 와서 데려감

나머지 아이들은 풀타임 아이들임

3:30~4:30 Play

한차례 아이들이 빠져 나간 뒤 나머지 아이들이 자유롭게 돌아다니며 놀고 있음

이 시간은 특별한 프로그램은 없지만 교사의 지도 아래 안팎에서 놀이를 함

자외선 지수가 강하므로 선크림, 모자 착용

4:30~5:00 Tidy Up / Story / Snack

바깥 활동을 정리하고 모두 안으로 들어 옴

실내를 함께 정리하고 손을 닦고 자리에 앉으면 선생님은 잘 앉은 사람부터 크래커를 나누어 줌

차분하게 앉아서 이야기를 듣거나 정리를 하고 아이들 몇 명은 이 시간에 집으로 돌아감

5:00~6:00 Departure Time

몇 명 안 되는 아이들이 얌전히 앉아서 선생님 이야기를 듣고 있음

야외 활동이 이미 끝났기 때문에 흙먼지를 털고 비교적 단정한 차림임

남은 아이들 부모가 와서 아이들을 집으로 데려감

대부분 선생님들도 퇴근하고 두 명 정도만 남아서 뒷정리를 함.

Good Bye~.

유치원 교사답지 않은 유치원 선생님

한국에서 '유치원 선생님' 하면 떠올리는 이미지는 무엇일까? 모든 직업이 그렇듯이 '유치원 교사' 하면 일반적으로 떠올리는 이미지가 있다. 결론부터 말하자면 여기 뉴질랜드 유치원 교사들은 내 머릿속에 남아 있는 유치원 교사의 이미지가 아니다. 내 머릿속의 유치원 교사는 귀여운 이미지에 아이들이 좋아하는 살짝 공주풍의 옷차림도 즐겨 입고 말투도 아기자기하고 목소리도 귀엽다. 강하게 남는 인상은 배꼽 인사.

J가 유치원 노란 버스에서 아기자기한 차림의 젊은 여자 선생님 손을 잡고 내린 첫날, 선생님에게 등을 떠밀리며 손을 가지런히 모아 내게 어색하게 배꼽 인사를 하던 그날이 생각난다.

그런데 이곳 유치원 교사들은 완전 다르다. 터프, 강인한 이미지가 첫인상이었다. 그리고 그 첫인상은 변하지 않았다. 50대 이상 나이 드신 선생님은 노련함과 엄마 같은 포근함 그리고 3,40대 선생님은 적당한 터프함과 추진력, 그리고 이제 막 시작한 젊은 선생님은 강한 터프함과 독특한 뉴질랜드 키위 이미지가 풍긴다.

살랑거리는 귀엽고 예쁜 옷차림을 한 사람은 거의 없고 편안한 복장에 강한 바람에도 항상 아이들과 야외 활동을 할 수 있도록 두툼한 겉옷과 선글라스는 기본이다. 내가 한국에서 알고 있던 귀여운 이미지가 아니라 야생마들을 훈련시키는 조련사의 이미지라고 해야 할까? 실제로 야외 활동을 할 때 보면 목소리도 굉장히 크고 튼튼한 팔다리로 아이들과 모래를 휙휙 퍼내며 모래성도 쌓는다. 스쿠터를 타고 날아다니는 개구쟁이 남자 아이들도 한 팔에 두 명쯤은 거뜬히 든다. 내가 어렸을 때 보았던 만화영화 아톰에 나오는 아톰 팔 같다.

그러나 이런 조련사 선생님들도 아이들에게 스토리텔링을 읽어 줄 때는 동화에 나오는 성냥팔이 소녀처럼 가련하고 불쌍한 목소리로 아이들의 감정을 자아낸다. C가 눈을 토끼처럼 뜨고 놀란 표정을 지으며 스토리텔링을 하는 선생님처럼 '오 마이 가쉬~~'를 연발할 때면 너무 웃겨서 한참을 웃는다.

오늘 C를 데리러 가서 럭비 이야기를 시작으로 말이 길어져서 버스 타기도 미룬 채 나와 한참을 이야기하던 앤젤라는 버스를 타기 전 마지막으로 학부형인 나에게 거침없이 말했다.

"애들이 정말 나를 미치게 하는 거 있지? 금요일 오후가 되면 난 정말 커피가 필요하다니까. 애들한테 제발 한 발자국만 떨어져 달라고 사정을 해도 막 달려와. 오 마이 갓, 너도 그 마음 알지? 얼른 가서 카페인 좀 복용해야겠어. 바이."

튼튼한 체격의 그녀는 20분을 마구 떠들다가 두 번째 버스가 눈에 보이자 커다란 검은색 가방을 단숨에 어깨에 두르며 워커를 신은 발로 버스에 순식간에 올라타며 손을 흔들었다. 터프한 그녀에게 나도 힘껏 손을 흔들어 주었다. 그리고 혼자 중얼거렸다.

'앤젤라, 한국에서 학부형한테 대놓고 그런 말을 하면 바로 인터넷에 떠. 당신이 뉴질랜드에서 유치원 교사인 게 다행이야. See you, Enjoy your coffee!'

노란 버스 안 다녀요, 한국 유치원 vs 뉴질 유치원 

'한국 유치원' 하면 떠오르는 대표적인 것은 아동들이 타고 다니는 통학용 차량이다. 일명 '노란 버스'라고 불리는 학생용 차량. 뉴질랜드에는 이런 버스가 없다. 그럼 뉴질랜드 유치원에는 있는데 한국 유치원에는 없는 것은 무엇일까? 한국 유치원에는 있는데 뉴질랜드 유치원에는 없는 것은 무엇일까? 한쪽에는 있고 한쪽은 없는 그것들이 무엇인지 지금부터 살펴보자.

한국에는 있고 뉴질랜드에는 없는 것

- **통학용 버스**

  위에 언급한 것처럼 뉴질랜드에는 학생통학버스가 대부분 없다. 그러나 극소수의 대형 체인점에서 자체 로고가 찍힌 차량을 운행하는 경우도 있으나 일반적이지는 않다. 거의 없다고 보는 게 맞다.

- **원아용 가방**

  대부분 뉴질랜드 유치원은 지정 가방이 없다. 그냥 다니거나 웨어하우스(Ware House, 식품 빼고 웬만한 것은 거의 다 팜)에서 파는 커다란 가방을 들고 다닌다.

- **원복**

  당연히 없다. 티셔츠 등을 제공하는 곳은 있다.

• **글자쓰기 공부**

일부 한국 유치원에서는 한글을 공책에 쓰게 하며 가르치는데 대부분 뉴질랜드에서는 글을 쓰는 문자 교육은 거의 없다. 한국에 비하여 아이들 연령이 어리기도 하다.

• **입학식 및 졸업식**

자기 나이를 기준으로 움직이므로 공식적인 입학식이나 졸업식이 없다. 단 마지막 날에는 이름 옆에 'Last Day'라는 글씨가 찍혀 있다.

• **7세 반**

뉴질랜드 아이들은 만 5세가 되면 학교에 입학하므로 7세 반 자체가 없다.

• **학예회**

엄마들에게 보여주기 위한 학예회는 없다.

• **원장선생님**

한국에는 어디를 가나 있는 '원장선생님'이 뉴질랜드에는 없다. 센터를 대표하는 사람은 보통 매니저로 불린다.

• **교실 안의 컴퓨터**

교실 안에 컴퓨터 한 대쯤은 기본인 우리나라와는 달리 뉴질랜드 유치원에는 대형 스크린이나 컴퓨터를 찾아보기 힘들다. 요즘 시작하는 추세이나 아직까지 대중적이지는 않다.

• **실내화**

실내화로 갈아 신는 한국과는 달리 뉴질랜드는 센터 내에서도 당연히 신발을 신고 다닌다. 그러나 양말까지 아예 다 벗고 맨발로 돌아다니는 아이들이 더 많다.

뉴질랜드에는 있고 한국에는 없는 것 

• **20 hours ECE**

Early Childhood Education의 약자로 만 3세~만 5세 이전의 아이들에게 주당 20시간을 무료로 교육시켜준다. 교육부에 등록된 유아교육기관은 이 나이에 해당하는 아동을 교육시킬 경우 ECE에 해당하는 20시간 수업에 대한 비용을 정부에서 지원받는다. Free ECE라고 부르기도 한다.

• **출석부**

뉴질랜드는 아이가 등원할 때마다 교육센터에 들어오고 나가는 시간을 적고 부모가 직접 사인을 해야 한다.

• **바코드 찍힌 교육비 명세서**

주별로 돈을 내므로 매주 명세서가 날아온다. 아이의 알림 포켓이나 가방 안에 넣어져 있다. 물론 카드, 캐시, 뱅킹, 수표로 계산해도 된다.

• **지정된 픽업 가디언**

센터에서 미리 알고 있는 사람이 아이를 집으로 데려 갈 수 있다.(보통 부모) 친척이나 친구라 하더라도 미리 통보되지 않은 사람이 임의로 와서 마음대로 아이를 데리고 나가면 안 된다.

• **런치박스**

앞에서 이야기한 것처럼 많은 유치원생들이 자기 런치박스를 가방에 넣고 다닌다.

• **파티**

파자마 파티, 할로윈 파티, 크리스마스 파티 등 갑작스런 테마 파티가 많다.

• Daffodil Day

노란색 수선화를 말한다. 암에 걸린 사람들을 후원하는 날로 모든 아이들이 꽃 색상처럼 노란색 계통의 옷을 입고 간다. 꽃값으로 1~2달러 골드코인을 기부한다.

• **페이스페인팅**

특별한 날만 하는 것이 아니라 매우 자주 한다. 크고 대담하게 그려 넣는다.

• **가발**

주로 여자 아이들이 잘 가지고 노는 미용 실습용 가발. 책상 위에 놓인 거 보고 깜짝 놀랐다. 가발 하나에 여러 명이 달라붙어서 머리도 땋아보고 새로운 스타일도 만들어 낸다.

- **레이트 픽업비**(Late Pick up Fee)

정해진 시간보다 늦게 데리러 가면 다음 번 비용에 청구된다.

- **선생님 듀티**

유아교육 자격증 소지에 따라 학부모가 건네준 약을 먹이거나 발라 줄 수 있다. 투약 의뢰 학부모 확인 사인을 받았더라도 일정 수준의 자격이 있는 유치원 교사만이 해당 아이에게 직접 약을 먹일 수 있다. 일반적으로 파트타임으로 일하는 교사(주로 단기 과정 수료)가 아이에게 약을 먹이는 투약 행위는 금지되어 있다.

늦으면 얄짤없어, 돈 더 내

오늘은 시내에 있는 작은 개인 미술관들을 둘러보았다. 아이들이 각자 스쿨에 갔을 때 즐기는 나만의 짧은 시내 여행은 소소하지만 만족스럽다. 그렇게 거닐다 문득 시계를 보니 2시 20분이었다. 부지런히 걸어서 버스를 타러 갔다. 아이들 하교 시간이 다가오니 도로에 차가 제법 많았다. 뉴질랜드는 출퇴근 시간보다 아이들 등하교 시간인 8시 30분, 3시 전후로 차가 많다. 프리스쿨에 도착하니 예약한 시간보다 10분 늦은 3시 40분이었다. 사인을 하는 칸에 어쩔까 살짝 고민하다가 '10분 늦은 건데 뭐 어때. 늦은 대로 정직하게 적으면 되지 뭐' 하는 생각을 가지고 당당하게 3시 40분으로 적고 사인을 했다.

한 주가 지나 C의 알림 주머니를 보니 교육비 명세서가 끼워져 있었다. 별 생각 없이 펴보았는데 숫자가 이상했다. 늘 보던 숫자가 아니어서 뭔가 착오가 있겠지, 라고 생각하고 2주치 교육비를 집에서 인터넷 뱅킹을 했다.

뉴질랜드 인터넷 뱅킹은 뱅킹을 할 때 하루에 500불 이상 이체는 바로 안 된다. 500불 이상 뱅킹을 하려면 따로 신청을 한 뒤 뱅킹을 해야 500불 이상 이체를 할 수 있는 고객으로 분류된다. 우리나라 같으면 '뭐야, 50만 원도 안 되는 내 돈을 이체하는데 따로 신청을 해야 한다고? 이런 말도 안 되는 경우가 어디 있어?' 라고 하겠지만 개인적으로 이런 규정은 참 마음에 든다. 현금 500불 이상은 정말 큰돈이라는 돈의 가치를 매겨 놓은 것 같아서 자동 이체를 할 때도 500불 이상은 나누어서 보내면서 다시 한 번 큰돈이라는 생각을 하게 만들어준다.

아무튼 그날은 원래 내던 2주치를 뱅킹하고 그 뒤에 더 붙은 7달러는 신경도 쓰지 않았다. 그런데 그 다음 주 C의 포켓 안에 7달러짜리

고지서가 또 있는 것이다. 문득 '설마 그때 그 10분?' 생각이 들었다. 물어보기는 치사하지만 데스크의 에이미에게 갔다. 에이미에게 7달러짜리 고지서가 꽂혀 있다고 하니 당연한 듯 고개를 끄떡이며 나에게 말했다.

"지난주인가 10분 늦게 C 데려 갔잖아. 사인한 거 보니까 그렇게 적고 나갔던데? 그래서 Late Pick Up 비용 청구한 거야. 그거 네가 사인한 거 아니야?"

고작 10분을 가지고 6,000원 넘는 돈을 더 내라니 갑자기 기분이 확 상했다. 치사했다.

"어. 내가 그렇게 한 거 맞아. 그런데 다른 부모들도 그래?"

"당연하지. 늦으면 Late Pick Up 비용은 당연히 내야지. 우리 규정에 있잖아. 못 봤구나? 내가 한 장 복사해 줄께."

에이미는 나의 기분을 아는지 모르는지 평소의 그녀답게 생글생글 웃으면서 친절하게 Late Pick Up 비용 부분을 복사해서 안겨주었다.

그녀의 말이 틀린 게 단 하나도 없어서 나는 할 말을 잊은 채 아무렇지도 않은 표정으로 주머니를 털어 7달러를 내고 영수증을 받았다. 그리고 얼른 C를 데리고 나와 버렸다. 꼭 벌금을 낸 기분이었다. 7달러 때문에 오늘은 웃으면서 수다 떨 기분도 아니었다.

다음 날부터 나는 2시부터 시계를 보는 습관이 생겼고 이런 습관은 오래 가지 않아 없어졌나. 앞에서 이야기한 대로 C가 더 있고 싶어 했기 때문이다. 돈을 조금 더 내고(일정 시간이 넘어가면 풀타임이나 하프데이나 가격 면에서는 큰 차이가 없다) 풀타임으로 시간에 구애받지 않고 들락거리니 차라리 그게 더 편했다.

그러면 여기서 질문이 생길 수도 있겠다.

"늦게 데리러 가면 돈을 더 받는데 일찍 데리고 나오면 그만큼 차감

해 주나요?"

정답은 "No."

왜냐고요?

첫째, 이미 시간을 예약한 아이 인원수에 따라 비율을 계산하여 교사를 배치한다. 그 작업은 최소한 2주 전에 이루어진다. 즉 풀타임, 고정 직원은 원래 정해진 자기 시간에 따라 근무하며 아동 인원이 특정한 시간대에 많아지면 파트타임 교사를 더 부르는 식이다. 부모 사정에 의해 아이가 좀 일찍 나갔다고 이미 배치한 선생님 시급을 깎을 수는 없다.

둘째, Early Pick Up Refund 규정에 없다. 있을 리도 없다. 그런 것이 있으면 개인 사정으로 일찍 데리러 오는 사람들에게 환불해주느라 센터 재정은 뒤죽박죽이 될 테니까. 그렇지만 항상 이렇게 인정사정없이 돈만 받아 챙기지는 않는다.

이건 일반 규정이 그렇다는 거다. 내가 남섬에서 자동차 접촉 사고로 몇 시간이나 늦는다고 전화를 했을 때 프리스쿨 선생님과 스태프들은 아이는 걱정하지 말라며 안 되면 자기네 집으로 데려가서 돌보아 준다고 했었다. Late Pick Up 비용 따위는 걱정하지 말고 잘 해결하고 천천히 오라고 고맙게 마음을 써 주었다. 규정은 규정이지만 규정보다도 사람 마음이 먼저인 것은 어디나 마찬가지이다. 사람은 이렇게 다 살게 마련인가 보다.

긴급! 누가 길 잃은 스크러피를 보셨나요?

프리스쿨 문 앞에 공지가 붙었다.

긴급! 스크러피를 찾습니다. 스크러피를 보신 분은 꼭 리안에게 알려주세요. 우리 모두 애타게 기다리고 있습니다. 소재를 알고 계신 분은 주저하지 말고 아무 스태프에게나 알려주세요.

이게 뭐야? 스크러피? 제목이 웃겨서 장난치나보다 했다. C를 데리고 나오면서 물었다.

"스크러피가 누구야?"

C의 눈썹 사이가 마구 움직였다. 감정의 기복이 있을 때 바로 보이는 반응이다. C의 표정이 바로 울 것 같았다.

"응. 스크러피. Has Gone. We love her so much. We are very sad."

"그니깐 그게 뭐냐고?"

C에게 아무리 물어봐도 알 수 없는 대답만 했다. 스크러피는 예쁘고 밥도 잘 먹고 친구들도 잘 도와주고 스토리텔링 시간에 엉덩이도 딱 붙이고 앉고 등등.

얼마나 대단한 거길래 리안 이름까지 걸고 찾는다고 공지를 붙였을까? 여러 질문 끝에 C의 대답을 조합하여 나름 추측한 나의 결론은 이렇다.

"스크러피는 아이들이 좋아하는 곰돌이 인형이다. 그런데 잃어버렸다."

그곳 아이들이 가슴에 품고 사랑하는 스크러피를 나는 이렇게 규정짓고 그날 바로 다 잊어버렸다. 그리고 1주일이 지나서 다시 붙은 공지는 내 기억을 다시 깨워 주었다.

길 잃은 스크러피를 찾았습니다.
그동안 춥고 배고팠지만 지금은 조쉬네 집에서 잘 쉬고 있습니다.
협조해 주신 여러분들, 고맙습니다.

쳇, 뭐야. 유치하게. 아무리 꿈과 상상의 나래가 있는 유치원이라지만 출퇴근 시간 바쁜 부모들에게 이런 걸 다 읽어보라고 붙여 놓는 것은 좀 오버 아니야? 그리고 몇 주 뒤 그 스크러피가 우리에게 왔다.

C가 집으로 돌아와서 하는 이야기를 들어보면 요즘 C가 진정한 '바른 생활 어린이'가 된 것 같았다. C의 말에 따르면 자기는 친구들에게 양보도 하고 누가 울면 가서 눈물도 닦아 주고 키싱도 해주고(이 부분은 좀 웃겼다. 처음에 Kiss 해준다고 해서 살짝 놀랐다) 이야기 시간에도 예쁘게 앉고 친구들에게 메롱도 안 한단다. 무심코 듣기만 했는데 유독 이번 주는 자기 칭찬이 과하다. 아이에게 무슨 일이 벌어진 걸까?

그리고 금요일 오후, C를 데리러 갔더니 방방 뛰고 있었다. 거의 날아다니는 수준이었다. C의 기분이 무척 좋은 듯했다. 손에는 커다란 가방이 들려져 있었는데 집에 가자며 그 가방을 들고 나섰다.

"안 돼. 프리스쿨에서 놀던 것은 제자리에 놓고 와. 집에 가져가면 안 돼."

C는 내 말에 울상을 지으며 고개를 완강하게 저었다. 나와 C가 실랑이를 벌이는 모습을 본 애나가 뛰어와 말을 했다.

"이번 주는 스크러피가 C의 집에서 지내는 주예요. C가 이번 주 착한 어린이로 뽑혔거든요. 그럼 스크러피 잘 보살펴 주세요."

눈까지 찡긋하며 말해주자 그제야 C의 얼굴이 활짝 피었다. 아하, 그러고 보니 이제야 모든 상황이 파악되었다.

그렇게 스크러피는 '착한 어린이' C의 가슴에 고이 안겨서 우리 집으로 왔다. 주말 동안 우리는 어디를 가나 스크러피를 데리고 다녔다. 쇼핑을 갈 때도, 동네 산책을 갈 때도, 밥을 먹을 때도, 당연히 함께 앉아서 맛있게 먹었다. 차 안에서는 C의 카시트에 같이 앉았다. 예쁘게 옷도 갈아 입혔다. 스크러피의 작은 여행 가방 안에는 그녀가 갈아입을 수 있는 아기자기한 옷도 있었다. 침대 안에서도 스크러피는 C의 품에 안겨서 잠이 들었다.

그런데 가만히 보니 이 곰돌이 인형이 꽤 귀여운 거다. 혹시 비슷한 인형이 있으면 우리 집에도 데려다 놓고 싶었다. 비슷한 인형이라도 사고 싶은 생각에 아무리 돌아다니며 눈을 크게 찾아보아도 눈에 띄지 않았다. 옆에 있던 큰딸 J에게 물었다.

"J, 아무리 찾아도 그 인형은 안 파네. 어디서 샀는지 애나한테 물어봐야겠다."

그런데 이 말을 들은 C가 즉각 반응했다.

"No, 스크러피는 프리스쿨에서밖에 안 살아. 숍에는 없어요."

이런, 애 앞에서 내가 말실수를 했다. 애들한테 스크러피가 어떤 존재인지 깜빡하고.

"어 그래, 나도 알아. 스크러피가 아니고 음, 스크러피 친구들 말이야. 우리 집에도 스크러피 친구들이 있으면 좋을 것 같아서……."

일주일이 지나자 C는 정든 스크러피와 작별을 했다. C는 스크러피를 침대 옆에 눕혀놓고 다음에 또 만나자고 귀에 대고 속삭였다.

새로운 '착한 어린이' 마이클은 벌써부터 스크러피를 언제 데려오느냐고 C에게 계속 묻더란다. 살짝 꼬질꼬질한 스크러피를 보내주는 그날, 아무것도 아닌 곰 인형 하나에 내가 다 괜히 마음이 찡했다. 오히려 C는 친구들 앞에서 다음 타자인 마이클에게 당당히 스크러피를 물려주는 행사를 했다고 자랑했다.

그날 밤, 나는 스크러피와 함께 찍은 아이들의 사진이 담긴 디카를 넘겨보고 있었다. 인형의 표정도 아이들의 표정도 맑다. 누군가 우리에게도 스크러피를 보내준다면 우리 모두 착한 어린이가 될 텐데 말이다.

스크러피가 그립다.

워러, 와터, 오와터

C가 프리스쿨을 시작한 지 2년차가 되자 눈에 띄는 것이 있다면 바로 키위식 영어다. 처음에는 엄마 없이 한 마디도 안 되던 것이 요즘은 제법이다. 하지만 미리 말하건대 일반적으로 한국에 있는 엄마들이 생각하는 것처럼 완벽한 영어를 하는 것은 아니다. 현재 C가 만 4세이므로 그냥 영어가 모국어가 아닌 4살 아이의 연령에 맞는 영어를 구사한다. Be 동사와 Do 동사를 가끔 섞어 쓰기도 하고 이미 먹은 것을 말할 때도 'ate' 대신 자신 있게 'eat'을 외친다. 그런데 재미있는 점은 신기하게도 단어 앞에 'a'는 꼭 붙여서 말한다는 것이다. 예를 들어 미술관 화장실 한쪽에 놓인 건물 안내 지도를 가리키며 'a map'이라고 말하며 왜 화장실에 'a map'이 있느냐고 묻는다.

한국 어른들 같으면 'I have map.'이라고 무심코 말할 것을 C는 말끝마다 그냥 'map'이 아니라 'a map'이라고 한다. 바로 이런 차이점이다. 책으로 배울 수 없는 부족한 5% 영어를 그냥 받아들인다.

얼마 전에는 뭐든 사용하기 전에 물건을 들어 보이며 'Am I allowed to use ~?'를 말하기 시작하더니 이젠 시들해졌는지 요즘은 그 말을 많이 쓰지 않는다. 대신 'frighten'을 익혔나 보다. 조금만 놀랐어도 'I was frighten'을 연발한다. 'frighten' 할 정도의 상황이 아닌데도 무조건 'frighten'이란다. 완벽한 문장들은 아니지만 우리가 문법책으로 공부했던 'be allowed to'와 'frighten'을 조그만 입으로 자주 말하니까 재미있었다.

C가 내뱉는 발음 중 나도 가끔 알아듣기 어려운 키위 발음 때문에 큰딸 J의 도움이 필요한 경우도 있었다. 예를 들면 '버드(bird)'를 '비(이)드', '워터(Water)'를 '와타'도 아닌 '(오)와타'라고 하는 경우다. 특히

친구들 이름을 말할 때는 더욱 많은 시간이 걸리는데 엄마가 말한 그 이름은 자기 친구 이름이 아니란다. 아니라는 정도가 아니라 강하게 부정하며 완전 다른 이름이라며 박박 우긴다. 예를 들면 우리는 '이피' 때문에 매일 싸운다. 나는 '이피', C는 '이-(히)피' , 또 다른 친구 '신시아'를 부를 때는 가운데 'th' 발음으로 꼭 혀를 밖으로 내밀어야 직성이 풀리나 보다. 나처럼 가볍게 th(씨)를 소리 내면서 '신시아'라고 하면 자기 친구 '슨쓰(이)아'는 그 이름이 아니라고 한다.

그나마 '마이클' '보스턴'은 쉽게 넘어간다. C보다 3살 위인 큰딸 J는 이런 면에서 영특하다. 학교에서는 키위식 발음으로 "Oh, Much better(마취 베타)" 하고 Better를 '베타'로 시원하게 뱉어내지만 어느 날부터인가 한국은 미국식 발음 '베러'를 더 선호한다는 말을 어디에서 듣더니 집에서는 친구들과의 '베타'보다 훨씬 약한 '베러'로 말한다. 그럴 필요 없다고 이야기해 주었더니 같은 단어를 다르게 소리 내는 게 더 재미있어서 그렇다고 했다. 아이 말을 듣고 나니 그렇다. 정말 재미있다.

그러고 보면 영어밖에 못하는 사람들은 이런 재미를 모를 것이다. 이들은 재미로 받아들이지 않고 비꼬듯 말할 때가 많다. 실제로 주변의 미국 친구들은 영국 발음은 이러네 저러네 이야기를 하기도 하고 반대로 영국 연방 친구들은 미국 발음은 격조가 없다는 등 같은 영어권 상대방들을 비하하는 경우도 보았다. 뉴질랜드 영어는 표준어가 아니라 심한 사투리 수준에 가깝다는 말도 들었다.

그러면 우리는 어떨까? 재미있다. 같은 단어를 다르게 발음하는 것을 재미있게 받아들이면 된다. 그리고 영어로 스트레스 받는 아이들과 부모들에게 말하고 싶다.

"영어로 스트레스 받지 마세요. 그냥 즐기세요. 한글과 어떻게 다른

지 알아가는 재미를 생생하게 우리에게 주지 않습니까?"

Feel Much Better! (피일 마아취 베타! ^^)

선생님은 왜 영어밖에 못해요? 

C가 자주 노는 그룹의 친구들은 다양하다. 남섬에서는 노랑머리 키위 여자 아이들이랑 말없이 가발 머리를 벗겨가며 놀더니 북섬에서는 아시안 아이들과 한 팀이 되어서 완전 신이 났다. 말레이시아 출신 이피, 중국의 마이클 챈, 씬시아 왕, 일본에서 온 요코, 그리고 C. 아, 키위이지만 프리스쿨의 골칫덩어리, 최상급 장난꾸러기 보스턴도 아시안은 아니지만 이 그룹 아이들과 뛰논다.

보스턴의 머리는 일명 축구선수 베컴 스타일로 추운 날에도 1년 내내 반바지, 반소매, 맨발이다. 보스턴의 아빠는 내가 가끔 쇼핑센터에서 마주친 보스턴과 똑같은 맨발의 문신 사나이였다. 그 문신 사나이가 프리스쿨에서 보스턴과 손을 잡고 나오는데 어찌나 당황스럽던지.

선생님들이 이 아이들에게 붙여준 그룹 이름도 Super Crazy Asian Club이란다. 어디로 튈지 모르는 이 아이들이 노랑머리 키위 애들을 제치고 프리스쿨을 맘껏 휘젓고 다닌다고 한다. 내가 C를 데리러 갈 때마다 이 Super Group은 안에서 얌전히 놀고 있지 않고 야외 놀이터에서 그냥 보기에도 아슬아슬하게 스쿠터를 굴리며 괴성을 지르고 있었다.

C를 데리러 간 어느 날 오후, 평소에는 아주 터프한 앤젤라가 그녀답지 않게 눈을 내리깔며 한숨을 푹 쉬며 내게 왔다.

"나 오늘 너무 슬퍼. 이런 감정 처음이야."

"왜? 무슨 일 있었어?"

앤젤라는 대답 대신 고개를 끄덕였다. 나에게 이렇게 말하는 거 보니까 분명 C도 관련이 있나 보다 싶었다. 무슨 일이냐고 재촉하는 나의 말에 당시 상황을 자세히 설명하는 앤젤라의 말을 들어보자.

앤젤라 : (놀이터에서 아이들이 노는 곳을 바라보고 있음)

이때, 슈퍼 클럽의 아이들이 앤젤라에게 몰려 옴.

슈퍼키즈 : 앤젤라!

앤젤라 : 하이, 슈퍼들. 왜 안 놀고? 할 말 있어?

슈퍼키즈 : 모두들 고개를 끄덕임

앤젤라 : 말해 봐. 뭔데?

슈퍼키즈 : 이상한 게 있어서요.

앤젤라 : 뭐, 나? 내가 이상한 게 뭔데?

슈퍼키즈 : 선생님은 왜 항상 영어로만 해요? 왜 맨날 '땡큐' 그래요?

앤젤라 : (상황파악이 안됨) 뭐? 그럼 땡큐보고 땡큐 그러지, 뭐라고 그래? 다른 말이 있어?

슈퍼키즈 : (당연한 듯 고개를 끄덕이며) 씨에씨에. 아리가토, 그리고 또 뭐더라?('고맙습니다'는 어려웠나 보다. 한국어는 잘 못하더란다) 우린 씨에씨에도 하는데 선생님은 맨날 '땡큐' 그러니까 이상해서요.

앤젤라 : 어, 난 남아프리카공화국에서 왔고 우리나라는 영어를 쓰니까. 너희들도 여기서 영어로 말하잖아.

슈퍼키즈 : 네. 그렇지만 우리는 '말'이 있어요. 이피도 차이니즈, C도 코리언, 그리고 요코는 재패니즈, 그리고 닐라 선생님도. 그런데 선생님만 말을 못하잖아요.

앤젤라 : (충격에 빠짐) 내가 말을 못한다고? 나 영어로 지금 말하잖아.

슈퍼키즈 : 아뇨, 영어 말고 '말'이요. 다음부터는 '말' 로 한번 해 보세요.

앤젤라 : 내가 '말'을 못한다고? 영어가 말이 아니야? 나 지금 말하고 있어!

슈퍼키즈 : (이해 안 간다는 표정으로) 아뇨. 그거 말고 '말'이라니까요, 말. 우리가 집에서 하는 '말'이요.

앤젤라 : 오 마이 갓. 그래, 난 영어밖에 못해!

슈퍼키즈 : (얼굴 벌게진 앤젤라를 놓고 키득거리며 도망간다)

말하면서도 당시 상황이 다시 떠올랐는지 앤젤라 얼굴이 또 벌겋게 되었다.

"정말 나는 한 번도 그런 생각을 해 본 적이 없었어. 미안한 말이지만 너처럼 영어가 모국어가 아닌 사람들과 이야기할 때 이상하게 들리는 문장은 내가 모르겠다는 표정을 지으면 그 사람들이 오히려 미안한 표정을 지으며 나에게 다시 말해주었거든. 그들이 마이너(Minor)의 입장이라고 생각했지 내가 마이너라는 생각은 해 본 적이 없는데 오늘 나는 4살짜리들에게 왜 말을 못하냐고 놀림 당했잖아. 생각해 보면 난 정말 영어밖에 못하고 사람마다 다른 '말'은 정작 못하는 거야. 오늘 나 너무 Shame이야."

앤젤라한테는 미안한 말이지만 그 이야기를 듣는데 너무 웃기고 통쾌했다. 맞다. 앤젤라는 그저 영어밖에 못한다. 나는 그날 애써 망연자실한 앤젤라를 위로하며 마지막 뼈있는 말을 던졌다.

"그러게, 평소에 외국어 공부 좀 더 해서 애들한테 인사말 몇 마디라도 해주지 그랬어. 내일부터는 씨에씨에, 아리가토, 감사합니다, 다 말해줘. 4살짜리들한테 말 못한다고 무시당하지 말고."

내일은 파자마 입고 등원하세요

뉴질랜드에서 빠뜨릴 수 없는 즐거운 일은 바로 파티. 어른도 아이들도 남녀노소 할 것 없이 간단한 차 한 잔에도 파티를 붙여서 '티 파티, 런치 파티, 디너 파티, 웰컴 파티, 컵케이크 파티' 등 제법 커다란 파티를 빼고도 자그마한 롤리팝 하나에도 파티를 붙여서 롤리팝 파티라 한다.

C의 프리스쿨도 예외는 아니었는데 이번 달에는 무슨 파티를 하려나 했더니 이번에는 파자마 파티(Pajama Party)란다. 파티 2주 전에 노티스(Notice)가 왔다.

8월 19일은 파자마 파티입니다.
잠자리에서 일어나서 그대로 나오세요.
그냥 옷을 입고 오시면 잠꾸러기 공주님이 문을 안 열어 줄 수 있습니다.
파자마 차림으로 오세요.

C도 좋아서 난리가 났다. 피지마 가운을 그대로 입고 프리스쿨에 가도 된다니까 정말이냐고 여러 번 물었다. 엄마들 이야기를 들으니 파자마 파티에 가려고 예쁜 파자마를 사는 아이들도 있다고 한다. 하긴 파자마가 없는 아이들은 내복만 입혀서 보낼 수는 없을 테니까 말이다.

처음에는 이번 참에 C도 공주풍의 파자마 하나 사줄까 하고 생각했다가 생각을 바꾸었다. 평소 입던 옷을 보면 입고 간 옷의 색을 알아볼 수 없을 정도로 심하게 뒹굴다 올 때가 많은데 새로 예쁜 잠옷을 사주었다가는 정작 침대에서는 한 번도 못 입어볼지도 모른다는 생각이 퍼뜩 들었다. 그래서 아무 말 없이 평소 입는 빨간색 파자마 가운을 꺼냈더니 다행히 좋아했다. 잘 되었다. 이걸로 파티 복장이 해결되었다.

파자마 데이 아침, 슬리퍼에 파자마를 입은 채로 거리로 나오니 오가는 사람들이 한 번씩 웃어 주었다. 싱긋 웃는 모습이 왜 파자마를 입고 가는지 척보면 안다는 표정이었다. 출근 인파들 사이를 지나 파자마 차림의 C는 프리스쿨에 도착했다.

그런데 도착을 하니 불이 꺼져 있는 게 아닌가? 정말 아무도 없었다. 다시 막 나가려는 찰나 어디선가 나타난 사람들의 외침 소리.

"서프라이즈!"

모두들 어느 구석에선가 잠옷 차림으로 나타났다. 갑작스런 사람들의 등장에 나는 눈이 휘둥그레졌고 C는 재미있다고 깔깔거리고 난리가 났다. 선생님도 아이들도 모두 파자마 복장이었다. 선생님들은 머리 모양도 아이들처럼 웃기게 묶고 있었다. 내가 뭐라고 말할 틈도 없이 창문 밖을 바라보며 망을 보던 애나 선생님이 다시 소리쳤다.

"쉿! 소피 온다. 모두 얼른 숨어."

나와 C는 화장실 뒤에 얼른 숨었다. C는 좋다고 손으로 입을 막고는 재미있어서 뒤로 넘어졌다.

파자마 차림의 소피도 아빠와 함께 손을 잡고 들어왔다가 불이 꺼지고 조용한 교실에 조금 전의 나와 C처럼 주변을 두리번거렸다. 이때 다시 모두 나가서 소리를 질렀다.

"서프라이즈! 웰컴 투 파자마 파티!"

소피 아빠는 큰 눈을 마구 굴리며 뒤로 넘어지는 오버액션을 취하고 소피는 그런 아빠 다리를 잡고 숨었다. 또 한 번 큰 웃음소리가 터져 나왔다.

이렇게 후다닥 숨었다가 소리 지르며 나타나기를 반복하기를 여러 번. 9시가 다 되어서야 겨우 빠져 나올 수 있었다. 그리고 단골 카페에 가서 그날은 특 사이즈로 커피를 주문했다. 그리고 외쳤다.

"커피 위에 달달한 초코시럽 팍팍 뿌려주세요! 오늘은 아침부터 너무 피곤해요."

카페의 바리스타가 매일 토핑 없이 미디엄 사이즈 트림 카푸치노만 마시던 사람이 오늘은 웬일이냐며 물었다.

"서프라이즈 파티 하느라 아침부터 많이 움직였더니 너무 힘들어요."

영어는 못하고 나만 보면 줄기차게 중국어만 하는 중국인 카페 키친 아주머니가 오늘은 '파티'라는 내 말을 알아들었는지 고개를 빼꼼 내밀고 한 번 쳐다보고 웃었다.

오늘은 정말 피곤하다. 혼자 조용히 커피 파티나 하련다. 혼자서 커피 한 모금 마시면서 '서프라이즈!'

니네 선생님은 어느 나라에서 오셨니? 

뉴질랜드의 특징을 꼽으라면 여러 가지가 있겠지만 그중 대표적인 것은 다양한 인종이다. 이민으로 이루어진 나라이니 당연하거니와 특히 북섬의 오클랜드로 가면 세계 거의 모든 인종은 다 모여 사는 것 같다. 우람한 체격의 정통 마오리부터 영국풍 풀풀 풍기는 백인, 항상 바빠 보이는 아시안계, 강렬한 눈을 가진 아랍계 아저씨들과 차도르의 여인들, 가무잡잡한 피부의 주변 섬나라 사람들까지 딱히 어느 나라가 대표적이라고 말할 수 없을 정도로 다양하다. 특히 그중 중국계의 사람들이 최근 몇 년간 많이 이민 온 것 같다. 많은 정도가 아니라 압도적이다. 이렇다 보니 프리스쿨을 가도 마찬가지다. C의 친구들만 보아도 중국, 말레이시아, 싱가포르, 일본, 인도, 사우디아라비아 등 다양하다.

아이들은 그렇고 선생님 국적은 어떠할까? 고정으로 근무하는 풀타임 뉴질랜드 키위는 애나 선생님 한 명이고 나머지는 남아프리카 공화국, 중국, 필리핀에서 온 선생님들이다. 특히 중국계 선생님은 고정 스태프 이외에 파트타임까지 합하면 3명이나 된다. 가장 많은 숫자다. 남섬 크라이스트처치에서는 전 스태프 모두가 노랑머리 백인 선생님인데 반하여 같은 나라인데도 불구하고 여러 인종이 모여 사는 오클랜드에 오니 이렇게 다르다.

처음에 프리스쿨을 방문했을 때 중국과 필리핀 동양계 선생님들을 보고 적지 않게 놀랐었다. 사실 이들이 뉴질랜드에 정착한 지 오래되었다고는 하나 출신 국가 특유의 영어 발음이 강하게 남아 있는 교사들도 있고 아이들을 다루기에는 좀 부족하다 싶은 영어를 구사하는 교사들도 있다. 그러나 겪어 보니 이들 역시 아이들을 무척 좋아하고 그들을 따뜻하게 품어주는 인성을 가졌으므로 상대적으로 조금 부족한 영어는 그들이 이미 가진 소양으로도 충분히 덮을 수 있었다.

C의 담임선생님은 필리핀 출신 닐라. 나는 '닐라~'라고 부르고 C는 '니일라~~' 하면서 살짝 올라간 톤으로 부른다. 까만 얼굴에 한눈에 보아도 필리피노임을 알 수 있는 외모이다. C는 닐라를 매우 좋아했다. 닐라도 C를 예뻐했다. C는 무슨 일이 있을 때마다 쪼르르 닐라에게 달려가서 격양된 톤으로 '니일라~~'를 부르며 다른 친구 누가 모래를 뿌렸다는 둥 점잖지 않게 말을 했다는 둥 시시콜콜한 것도 이르고 간단다. 내가 집에서 아무리 그러지 말라고 해도 그때뿐이다.

집에 와서도 니일라 이야기는 빠지지 않았다. 오늘 온 친구들 이야기를 하고 마지막 '니일라 이야기'도 빠뜨리지 않고 오늘은 그녀가 무슨 옷을 입고 왔는지 오늘은 니일라가 오후에 왔는데 오면서 어딜 다녀왔다는 둥 그날 있었던 일과 그녀가 아이들에게 해준 이야기까지 모두 보탠다.

닐라는 Super Crazy Asian Group의 담임선생님이기도 하다. 친근하고 말하기를 좋아하는 닐라도 나의 수다 상대이기도 한데 닐라는 나보다도 말을 많이 해서 내가 중간에 분위기를 정리하고 밖으로 나오는 편이다. 아시안이라서 그런지 정말 공감대가 많다.

또 다른 출신은 메이. 중국 본토 출신으로 귀여운 덧니가 보이는 아가씨다. 뉴질랜드로 유학 와서 유아교육을 전공하고 프리스쿨에 취직했는데 이제는 뉴질랜드가 익숙해서 이제 중국으로 돌아가기는 어려울 것 같다고 한다. 메이는 나에게 우리나라 연예인들을 가끔씩 물어보며 한류 열풍 '젊은 세대'임을 과시한다.

"좋겠어요. 한국어가 모국어라서. 한국 드라마 재미있게 다 보잖아요. 난 언제쯤 한국어를 잘할까요?"

메이 역시 한국 드라마광이다. 내가 모르는 최근 TV 드라마도 다 꿰고 있다. 또 그녀가 관심을 갖는 분야는 한국의 성형의술인데 특히 지방 흡입은 그녀의 표현에 따르면 경이롭단다. 언젠가는 돈 모아서 한국에 가서 꼭 하고 싶다고 한다. 웃으면서 어디를 그렇게 고치고 싶으냐고 물으니 굵은 허벅지를 좀 얇게 만들고 싶다고 다리를 깎는 시늉을 했다.

우리의 매니저 리안도 중국계 남아공 출신이다. 엄마는 남아프리카공화국, 아빠는 차이나 출신이다. 하와이댄스, 훌라 춤이 취미인 그녀는 분위기도 아주 독특하다. 외모도 독특한데 눈동자는 푸른색이고 얼굴형은 갸름하니 동양인 여성이다. 피부는 햇볕에 그을린 피부다.

나의 이야기 상대, 터프 걸 앤젤라도 남아프리카 공화국 출신이다. 그곳에서 초등학교 교사로 근무하다가 이곳으로 왔다고 한다. 남아공의 말 안 듣는 '들짐승 같은 보이'들을 다루다가 여기 오니 작은 참새들이 조잘거리는 것 같아서 귀엽단다. 비록 최근 슈퍼 키즈들에게 '말' 못한다고 구박을 받긴 했지만 월급, 일하는 환경 등 교사 처우 면에서는 만족한다고 했다.

그밖에도 항상 차분하지만 '오 마이 가쉬'가 주특기인 애나, 머리 뒤로 질끈 묶고 안경 쓴 학생 스타일 제니, 전형적인 뉴질랜드 통통녀 미카엘라, 김태희 머리띠로 나를 가끔 놀라게 하는 엠마, 가끔씩 중국인 마트에서 만나는 메기, C가 종종 이야기하는 인도 출신 레베카 등 다양한 국적의 선생님들과 생활하니 개성이 없을 수가 없다.

그래도 이렇게 다양한 이들을 모두 묶어 주는 것은 바로 뉴질랜드, 키위 웨이(Kiwi Way)다. 다양한 사람들이 만나서 각자의 개성을 뿌리다가도 결정적인 순간에는 뉴질랜드, 키위 웨이라는 이름으로 합쳐지는 이들. 그들을 묶어주는 브랜드, 키위 웨이가 계속 빛을 발하기를 바란다.

감옥에 보내버리겠어

어느 날 C가 집으로 돌아와서 시무룩하게 앉아 있더니 한마디 했다.

"Mum, Brooke told me she will put me in the jail."

정확한 말은 아니지만 jail(감옥)에 집어넣는다고 했다니 들으면서도 의아했다. 왜 하필 감옥이야?

내 표정을 읽었는지 브룩이 자기 아빠는 폴리스라고 했다는 말도 더 해준다.

"친구가 장난친 건데 너무 속상해 하지 마. 그리고 그 애가 너를 어떻게 jail에 넣니?"(C는 감옥이라는 말을 아직 모른다)

"Yes, she did. I am very scared."

C는 진짜 '스케어리'한 표정까지 지었다. 일난 아이를 안심시키고 좀 더 지켜보기로 했다. 그런데 다음 날이 되어도 계속 같은 jail 타령이다. 정말 무서워서 프리스쿨에 가기 싫다고까지 했다. 아빠가 폴리스라는 말도 또 한다. 뉴질랜드에서는 폴리스의 파워가 굉장하다. C도 폴리스라 하면 '정의 의 용사'로 입력이 되었는지 계속 폴리스, 폴리스, 한다. 듣다못해 나는 C에게 말했다.

"너도 가서 걔한테 이야기해. 우리 아빠도 아주 무서운 사람이라서 폴리스 따위는 안 무섭다고 하란 말이야."

마침내 나도 폭발했다. 폴리스 아빠를 둔 애 때문에 유치원을 못 가겠다니 신경질이 났다. 그리고 눈만 뜨면 유치원에 가겠다는 아이가 이제는 가기 싫다는 말까지 하니 안 되겠다 싶었다.

다음 날 닐라를 찾아 브룩이라는 아이와 C가 집에 와서 한 이야기를 하고 조언을 구했다. 내 이야기를 다 듣더니 닐라가 소리 내서 웃었다. 애들이 참 상상력이 풍부하단다. 자기도 요즘 애들이 자기를 감옥에 넣는다고 따라 오라고 해서 죽겠다고 한다.

닐라가 일어나더니 유치원 바깥의 놀이터 한가운데를 가리켰다.

"이리 와봐. 내가 감옥 보여줄게. 저기 동그라미 쳐 놓은 거 보이지? 저게 애들이 jail이라고 부르는 데야. 애들이 라푼젤 스토리를 들은 다음부터는 높은 타워 안에 갇힌 공주 역할을 서로 하려 하거든. 그래서 서로 자기가 공주라면서 돌아가면서 감옥에 갇히는 놀이야. 그런데 그 스토리를 들을 때 C는 다른 데 가 있었나? 그날 피곤하다고 저기에 쓰러져서 자느라고 못 들었나 보다."

닐라도 감옥에 갇힌 공주 역할을 하기 싫은데 자꾸 아이들이 해달라고 해서 귀찮단다. 감옥도 동그라미 하나라서 서 있기도 비좁다면서. 아이들은 왕자님이 올 때까지 거기서 우는 시늉을 하라고 요구하는데 열심히 우는 시늉에 슬픈 표정을 짓고 있어도 그 왕자님들은 구하러 오다 말고 다른 데 가서 장난치고 놀고 있어서 감옥에 갇힌 공주 역할이 힘들다고 했다. 듣고 보니 이제 앞뒤가 맞춰지며 이해가 갔다. C도 요즘 라푼젤 이야기를 많이 했다.

닐라가 주변을 둘러보며 낮은 목소리로 말했다.

"그리고 자세한 건 모르지만 브룩 아빠를 본 적은 없어. 아마 엄마와 단둘이 사는 것 같아. 아빠를 그리워하는지 걸핏하면 아빠 이야기를 꺼내."

아, 그렇구나. 그 말을 들은 나는 너무 미안해졌다. 브룩의 아빠 직업이 뭐든 상관없지만 만약 아빠가 그리워서 아빠 이야기를 일부러 하는 아이라면 그 말을 하는 아이는 얼마나 아빠가 그리웠을까. 닐라 이야기를 들으면서 마음이 불편했다. C와 프리스쿨을 나오자마자 C에게 물었다.

"C, 너 브룩에게 우리 아빠도 무서운 사람이라고 말했어, 안 했어?"

C의 표정이 어두워졌다. 어둡다는 것은 엄마가 시키는 것을 안 했다는 뜻이다.

"안 했지, 안 했지?"

C는 어두운 표정에 고개를 살짝 끄덕였다.

"잘했어. 친구한테 그런 말 하는 거 아니야. 알았지?"

엄마의 말에 C는 알 수 없다는 표정이 역력했다. 시킬 때는 언제고 지금은 시키는 거 안 했다고 칭찬해 주니 헷갈릴 만하다.

"친구들끼리는 서로 좋은 말만 하는 거야. 브룩이 그런 말을 해도 네가 더 예쁜 말로 다시 말해 주면 브룩도 다음에는 예쁜 말로 말할 거야."

말. 영어든 한국어든 말 한마디에서 상처받는 것은 똑같나 보다. 말을 배울 때 상처 주지 않는 말만 배울 수는 없을까? 지금 잠깐 생각해 보자. 오늘도 다른 사람에게 상처 주는 말을 무심코 던지지는 않았는지.

엉덩이 붙이고 앉아

영화나 드라마 속에 나오는 외국 아이들은 참 자유로워 보인다. 한국어처럼 높임말이 없어서인지 어른이 무슨 말을 해도 툭툭 다시 맞받아치는 것도 버릇없어 보이지 않고 시크하고 쿨해 보인다. 교실에서도 삐딱하게 앉고 교복을 입고도 남녀가 아무렇지도 않게 애정 표현하는 장면은 예사이다. 그런데 아무도 "쟤들은 왜 그렇게 버릇이 없어?" 하는 말을 하지 않는다.

그래서 나는 예전부터 궁금했다. 진짜 외국 애들은 어렸을 때부터 영화에 나오는 것처럼 말대답 꼬박꼬박 하고 어른이 말하는데 막 끼어들고 버거(burger) 하나 들고도 아무 데서나 잘 먹는지 알고 싶었다. 궁금증을 풀기 위하여 C의 프리스쿨에서 만나는 아이들을 자세히 살펴보았다. 물론 그 궁금증에 대한 답을 단정 짓기 전에 개인, 나라에 따른 차이는 당연히 있을 것이다. 내가 본 뉴질랜드 유치원 꼬마들의 모습은 이렇다.

C가 다니는 프리스쿨 아이들은 선생님을 포함한 어른들에게 말을 붙일 때 'Excuse me'로 시작한다. 내가 C를 데리러 갈 때마다 만나는 C의 친구들은 거의 매일 보는 나에게도 언제나 'Excuse me'부터 시작한다. 그런데 'Excuse me' 이후의 이야기 수준에 대해서는 너무 기대하지 말자. 3살, 4살짜리 아이들이 하는 말이니 앞뒤 안 맞는 경우와 들어도 무슨 말인지 이해가 안 가는 경우가 더 많다.

가령 이런 식이다.

천진난만한 표정의 아이 1 : 익스큐즈미.

나 : (웃으면서, 요것 봐라 조그만 게 귀엽게 익스큐즈미야) 응?

천진난만한 표정의 아이 1: 내가 이 가루를 뿌려 드릴게요.

여기 서 보세요.

나 : (이해 안 가는 표정으로) 응?

천진난만한 표정의 아이 1 : (주위를 둘러보며 내 귀에 대고 귓속말로)

제가 만든 마법의 가루예요.

나 : 응? (어이없는 표정, 내가 들은 게 맞나?, 얘가 분명 마법의 가루라고 했는데 ……. 아니면 내 옷 어딘가에 가루가 묻었다는 이야기인가?)

천진난만한 표정의 아이 1 : (마법사처럼 내 옷에 가루를 뿌리는 시늉을 하더니)

Oh, Thank You. All Done.

이 대화에서 나는 고작 "응? 그래."라는 말이 전부였다. 그런데 이 천진난만한 아이는 'Excuse me'로 시작해서 자기가 하고 싶은 이야기는 실컷 다했다. 갑자기 어디서에서 튀어나온 매직파우더 스토리인지는 모르겠지만 중간에 Could you, Can you, 다 섞어서 공손체로 말하다가 가 버린다. 갑작스러운 '매직파우더' 단어에 혼자 고민하고 있는 나를 떠나 다시 문을 열고 들어오는 다른 아이 엄마에게 'Excuse me'로 시작하고 똑같은 이야기를 한다. 앞뒤 안 맞는 이야기이긴 하지만 그 내용이 무엇이든 일단 매너의 틀은 다 갖추었다.

그럼 말은 그렇다 치고 다 함께 하는 활동하는 시간에는 어떻게 행동할까? 바닥에 둥그렇게 앉아서 선생님이 이야기를 읽어주는 스토리텔링 시간을 보자.

이 시간에 선생님이 아이들에게 가장 많이 하는 말이 있다.

"Sit down, Please."

선생님이 앞에서 모두에게 그림을 보여주며 이야기하는데 혼자 엉덩이를 들썩거리며 손으로 그림을 잡으려 하거나 뒷사람이 안 보이게 혼자 일어나면 선생님은 이야기를 멈추고 가차 없이 "앉아" "엉덩이 붙여"가 날라 온다. 앞에서 이렇게 말하는 선생님 이외에 바닥에 아이들과 같이 앉아 있던 선생님은 엉덩이를 들썩이며 다른 친구들을 방해하는 아이를 잡고 똑바로 앉으라는 액션을 제대로 취한다.

다 같이 하는 활동에 다른 사람에게 피해를 주는 행동을 하거나 제멋대로 굴면 콕 집어서 바로 말한다. 식사시간에 아무 데나 앉아서 쿨하게 마음대로 하도록 그냥 놔두지 않는다. 식탁 예절을 철저히 지키도록 가르친다. 말을 안 듣는 아이가 있어도 무섭게 감정적으로 아이들을 혼내지는 않지만 한 번 일러 말을 할 때는 무척 단호하게 말을 한다. 한마디로 강단이 있다.

물론 이것도 사람마다 다를 수 있다. 어떤 선생님은 계속 장난치는 아이에게 무척 부드러운 목소리로 "James, Can you please stop it?"이라고 부드럽게 살짝 웃으면서 이야기하는 선생님도 있고 "Hey, James. You are very naughty. Stop it. Now!"라고 말하는 선생님도 있다. 그것도 안 되면 우리나라처럼 '생각하는 의자'에 앉히는 선생님도 있다.

오히려 '아직 애인데 뭐……'라고 생각하며 우리는 그냥 넘어 갈 수 있는 일도 분명히 짚고 넘어가는 것을 보면 어떤 면에서는 우리보다 더 엄격하다. 장난을 치더라도 그냥 좀 개구쟁이 같은 아이들과 근본적인 예절 없이 버릇없는 아이는 어느 곳을 가든 확연히 구분된다.

'아직 어린데 뭐. 차차 나아지겠지.' 하는 마음으로 무작정 기다리는 부모가 있는가 하면 그때그때 아이의 잘못을 지적하면서 가르치는 적극적인 부모도 있다. 어떤 스타일의 부모가 될지는 각자의 선택이지만 분명한 것은 내가 싫어하는 것은 남도 싫어한다는 사실이다. 사랑도 듬뿍 주어야 하고 사랑스럽게 사는 법도 가르쳐야 하는 엄마라는 위치는 어렵지만 특별한 것임에 틀림없다.

진짜 영어 유치원에서 배우는 마오리어

투들바~~

마 이즈 화이트, 피로우 이즈 뤠드, 카카리키 이즈 그린.

망고 이즈 블랙, 피로 이즈 투. 아 에 이 오 우~

이것이 도대체 무슨 소리인가? 분명 영어 단어는 아니고 고유명사도 아닌 것 같다. 발음은 또 우리나라 발음처럼 딱딱 떨어지는 발음이다. 게다가 C가 흥겹게 부르는 노래에는 더더욱 알 수 없는 말들이 나온다. 처음에는 C가 혼자 만들어 부르는 외계어인 줄 알았는데 가만히 들어보니 음계를 어디서 들어 본 것 같기도 하고 C가 부르면 제 언니 J도 이따금씩 같이 흥얼거린다.

그것은 바로 뉴질랜드 원주민, 마오리족의 언어인 마오리어. 마오리족을 직접 본 한국인들이 의외로 많다. 한국의 웬만한 패키지여행 상품에 '지상낙원'이라는 타이틀을 달고 북섬의 오클랜드, 로토루아, 남섬의 밀포드사운드 크루즈를 타며 뉴질랜드를 단시간에 훑어본다. 저녁식사에는 '항이'라는 독특한 방식의 조리법으로 만든 마오리족의 전통 식사를 하면서 공연도 많이 보고 간다.

독특한 방식이라고는 하지만 나는 이 '항이' 조리법이 우리나라 조리법과 비슷하다고 생각한다. 뜨거운 김이 나는 땅에 큰 나무통을 넣고 그 안에 음식을 넣었다가 몇 시간 뒤 음식이 익으면 꺼내 먹는다. 일명 슬로우 쿡(Slow Cook), 찜 방식이다. 화산지대가 많은 뉴질랜드의 지형을 충분히 이용한 현명한 조리법이다. 독특하다고 표현을 하지만 우리 입맛에도 딱 맞는다.

마오리어도 마찬가지이다. 발음이 한글과 비슷하다. 굴리는 발음이 아니라 딱딱 떨어지는 발음이라 여행을 하며 인포메이션 센터에서 위치를 물어 볼 때 내가 마오리 지명을 말하면 그곳의 자원봉사자 마오리 출신 할아버지들이 내 발음이 좋다며 칭찬을 아끼지 않으신다.

나도 재미있어서 가끔 따라하는데 아이들은 이 재미있는 언어를 그냥 놓칠 리가 없다. C의 경우 유치원에서 새로 마오리어 노래를 배웠다 하면 내 귀가 따갑도록 부른다. 하도 부르는 바람에 처음에는 시끄럽다고 핀잔을 주었던 나도 운전을 하며 흥얼거린다. 노래의 후렴구에 은근한 중독이 있다.

그런데 이 재미있는 노래 때문에 불만인 소수 학부형도 있다. 영어를 배워야 하는 시간에 마오리어를 배워 온다고 곱지 않은 시선으로 본다. 영어도 잘 못하는 아이가 집에 와서 마오리 단어만 말하니 짜증난단다. 마오리어 가르칠 시간이 있으면 그 시간에 영어를 더 가르쳐 달라는 요구도 한다.

물론 마오리어는 그런 질타를 받을 만큼 많은 시간을 할애하여 가르치는 것은 아니지만 뉴질랜드 사람들은 마오리어를 소중히 여긴다. 뉴질랜드 곳곳에서 영어 아래 마오리어로 쓰인 안내판을 볼 수도 있고 뉴스 시작 전 앵커가 "KiaOra"라고 인사하며 뉴스를 전한다. 이런 이야기를 종종 듣는 한국의 지인들은 나에게 한마디 한다.

"뉴질랜드 시골에 가면 원주민 언어만 배우다 온대. 네 애들도 그런 거 아니지?"

"그래요? 시골 어디요? 우리도 남섬 시골까지 다 다녔는데 아직 원주민 말은 못 들었는데……"

"그럼 너희가 시골은 안 가봤나 보지. 간 김에 가봐. 있대, 정말."

이 말을 듣고 나는 처음에 그 원주민 언어라는 것이 마오리 언어 말고 다른 언어가 또 있는 줄 알았다.

심지어 뉴질랜드에 단체 관광을 다녀왔다는 어떤 할머니는 뉴질랜드에 가면 불쌍하게 옷도 안 걸치고 맨발로 사는 사람들을 모아놓은 동네가 있는데 너무 불쌍하다며 혀를 찼다. 아마도 마오리족 공연을 보고 온 것 같은데 본인은 끝까지 그건 공연이 아니라 진짜 돈 없고 불쌍한 사람들만 있다고 아직까지도 굳게 믿고 있다. 나라에서 연금을 받으며 사는 마오리족이 들으면 상당히 언짢아 할 이야기이다.

내 옆에서 흥겨운 마오리 노래가 또 들린다. 아이들이 흥얼댄다. 그런데 나는 영어보다도 이 노래들이 더 친밀하게 느껴지는 이유는 무엇일까? 그러고 보면 마오리족과 우리나라 사람의 외모도 닮아 보이기도 한다. 살짝 날카로운 눈매와 약간 퍼진 코, 검은색 머리. 이곳에서 배운 마오리 노래는 생각지도 못한 보너스 같다.

W가 아니라 M이라니까 

C가 알파벳 그리기에 관심을 보이더니 요즘은 길을 가다가 보이는 알파벳 읽기에 완전 재미를 붙였다. 거리 이름이나 자동차 번호판에 붙은 알파벳도 그 앞에 가서 손으로 짚으며 읽어야 직성이 풀린다. 남의 차 앞에 가서 번호판을 자꾸 들여다보는 통에 혹여 안전사고라도 날까 봐 조마조마하며 옆에 따라 붙는 엄마에게는 관심도 없다. 좀 읽기 시작하더니 한두 개는 슬슬 비슷하게 그린다.

나는 평소 처음으로 영어 문자에 관심을 보이는 아이들에게는 여러 가지 방법으로 접근한다. 예를 들면 알파벳 쓰기에 앞서 큰 종이나 두꺼운 보드에 큰 레터 하나를 그려 놓고 함께 색칠하거나 다양한 방법으로 꾸미기 활동을 해 본다. 멋스러운 작품이 꽤 많이 나온다.

우리는 작은 캔버스를 사서 바닥에 신문지를 깔고 선명한 아크릴 물감으로 알파벳 그림을 그려보았다. 아이들이 매우 좋아했다. 시시한 종이가 아닌 근사한 캔버스에 화가처럼 그림을 그리고 잘 말려서 벽면 한쪽에 놓아두고 집에 오는 사람들에게 은근히 자랑을 한다. 물론 형태는 추상화 수준이다. 그게 뭔지 모른 채 작품을 감상해야 하는 방문객들에게 엄마의 귀띔이 없었더라면 알파벳을 알아보는 데 한참이 걸렸을 것이다. 어찌되었든 아이들은 무척 즐거워한다.

그리는 것만이 방법이 아니다. 조약돌이나 조개껍데기로 알파벳 레터처럼 줄을 세워 보기도 하고 S자 모양으로 줄을 잘라 스네이크 흉내도 낸다. 이 과정에서 자기가 좋아하는 알파벳 레터가 생기고 몇 개의 레터는 이미 어떻게 쓰는지 자연스럽게 익히게 된다. 일부러 고안하지 않아도 찾아보면 방법은 많다. 이런 과정을 거친 후 아이들은 길가의 간판에서 혹은 서점에서, 전단지에서 자기가 그렸던 '작품'과 비슷한 것들을 발견하고 흥분을 감추지 못한다. 대단한 것을 발견한 양 손으로 가리키며 앞만 보며 운전 중인 나를 불러댄다. 이렇게 되면 이미 반은 성공했다. 서두를 필요가 전혀 없다.

이제 알파벳 쓰기를 시작해도 늦지 않는다. 알파벳도 꼭 ABCD의 순서로 시작할 필요가 없다. 나는 코팅된 여러 개의 레터를 펀치로 뚫어 꾸러미로 만든 뒤 아이가 하고 싶은 것을 직접 고르도록 한다. 똑같은 것을 여러 번 골라도 본인이 질려서 다른 것을 고를 때까지 그냥 하도록 둔다. 알파벳 레터도 아동마다 고르는 취향이 다르고 먼저 익히는 레터도 개인 취향에 따라 확연히 다르다.

둘째 딸 C가 가장 먼저 익힌 것은 M. 맥도널드의 노란색 간판 사인 M이다. 다음으로 좋아하는 것은 S. 구부러지게 그리는 S가 그렇게 재미있나 보다. 수없이 S를 고르고 또 고른다. 파킹 단어 P도 길가에 종종 보이니 금방 익힌다. 자기 이름이 첫 글자 C도 엄마가 프리스쿨에서 사인하는 것을 보며 어느 순간 C로 시작하는 자기 이름을 가리키며 거기에다 들어가는 시간을 쓰라고 친절히 일러준다. 억지로 공책을 사주며 알파벳 쓰기를 시킬 필요가 없다. 눈에 보이는 대로 그냥 배우니까.

그러면 영어권 나라가 아니면 문자 익히기가 어려울까? 그렇지는 않다. 시각적인 효과로 본다면 영어 표기도 꽤 많다. 오히려 나보다 아이들이 더 잘 찾아낸다. 각종 패스트푸드점은 세계 어디를 가든 똑같은 색에 똑같은 간판이 붙어 있고 백화점이나 대형 간판들도 영어를 쓴다. 영어를 한국 발음으로 촌스럽게 써 놓은 것들도 있긴 하지만 요즘은 자연스러운 영어를 그대로 옮겨 놓은 곳이 많다. 집으로 들어오는 전단지나 신문, 잡지 광고에서도 알파벳은 쉽게 보인다. 활용하기 나름이다.

요즘은 C와 알파벳 논쟁 벌이기에 바쁘다. M을 가리키며 자기 얼굴을 돌려 뒤집어 읽으며 M이 아니라 W란다. 반대로 W가 보이면 Upside Down(거꾸로 된) M이라고 우긴다. Z는 옆으로 기울어진 N이고 소문자 a는 누군가 잘못 쓴 0라고 친절히 설명해 준다. 소문자 b와 d도 그때그때 기분에 따라 달라진다. 아이들은 참 재미있다. 그리고 순수하다.

고개만 조금 돌리면 다르게 보이는 알파벳 레터처럼 C의 말을 들으며 나도 때때로 고개를 조금 돌려 다르게 본다. 알파벳을 통해 그리고 아이를 통해 세상을 조금 다르게 보는 법을 배운다.

마마, 마이 싹씨?

요즘은 이야기를 하다 보면 한국말인데도 가끔 무슨 말인지 잘 못 알아들을 때가 많다. 이런 현상은 한국 인터넷을 조금 안 보기 시작하면 바로 나타난다. 특히 영어도 아니고 분명 한글인데도 불구하고 과감하게 줄임말을 사용하여 칭하는 경우는 더더욱 그렇다.

인터넷 세상에서는 더하다. 특히 외국에서 체류하면서 가끔 한국 인터넷에 접속하면 알 수 없는 용어들이 툭툭 튀어나와 당황스러울 때가 있는데 대표적인 것들은 드라마 제목이다. 연예인 이름과 함께 가운데는 쏙 빼고 앞뒤를 팍 줄인 드라마 제목이 함께 나오는데 처음에는 그게 뭔가 했다. 기사를 클릭하고 보아야 드라마 제목을 지칭하는 단어인지 알 수 있다. 처음 들으면 그게 무엇인지 한 번에 떠오르지 않는 말들이 많다. 정말 요즘 같은 세상은 같은 언어를 쓰는데도 눈 뜨고 잘 봐야 한다. 대화 중 모르면 영어 단어 묻듯이 그게 무슨 뜻이냐고 물어보아야 할 지경이 되었다.

그럼 영어권 유치원 아이들의 언어는 어떨까? 그들에게도 그들만의 리그가 있을까?

집에서는 한창 말 많은 C의 언어와 그 또래 아이가 쓰는 언어를 유심히 살펴보았다. 듣다 보니 확실히 C는 어른들이 사용하지 않는 유아 영어(baby talk)를 많이 사용했다. 알려진 유아 영어 이외에도 놀이를 하면서 아이들이 만들어 낸 사운드로 이루어진 의성어도 종종 사용했고 어른들이 못 알아들어도 같이 노는 아이들은 자기들끼리 아무렇지도 않게 사용한다.

집에 와서는 'wee wee(위위)'를 한다고 하길래 바로 떠올랐던 것이 'wee wee'라는 인형이었는데 그게 아니라 화장실을 가리킨다. 내 뒤에 서서 'Beep Beep'이라고 하는 것은 금방 알아들었다. 우리가 삐삐~하는 것처럼 비켜 달라는 뜻이었다.

한국 영어 교과서에서는 볼 일도 없었던 유아 영어 단어를 정리해 보았다. 유치원에서 근무하는 교사들도 대화 중 가끔 나오는 단어들이니 어른들이 일부러 사용할 일은 없더라도 알아두면 유용할 듯싶다.

Baby Talk	Word
binkie	blanket
boo-boo	wound ,bruis
bubby	brother
dada	dad, daddy
dum-dum	dummy
drinky	drink
moo-moo	cow
milky	milk
didee	diaper
icky	disgusting
jammies	pajamas
nana	grandmother
oopsie-daisy	accident
pee-pee	urinate or penis

Baby Talk	Word
pewie	smelling bad
poo-poo	defecation
potty	toilet
sissy	sister
sleepy-bye	go to bed
socks	socksy
tummy	stomach
wee-wee	urination
yucky	disgusting
yum-yum	meal time
mama	mother
horsey	horse
kitty	kitten
doggy	dog

(본인 작성 외 참고 사이트)
Baby talk From Wikipedia, the free encyclopedia

위에서도 볼 수 있듯이 유아들이 쓰는 단어에는 나름 패턴이 보인다. wee wee, yum yum, ma ma 등 반복되는 소리와 그리고 위, 쉬 등 입술을 움직여서 내는 발음하기 쉬운 소리들이 대표적인 예이다.

그리고 본래의 단어 끝에 y가 많이 붙어 있는 것을 볼 수 있는데 doll, horse, dog도 dolly(돌리) horsey(홀씨) doggy(도기)처럼 끝 발음에 '이' 소리를 붙여 내는 경우도 종종 있다. 사실 듣다 보면 홀스, 홀씨가 더 귀엽기도 하다. 그 밖에도 동물 이름을 말할 때도 cow(소)보다도 소의 울음소리를 내는 의성어 mow-mow로 말하기도 한다.

C는 공원에서 오리를 보아도 'duck'이라는 단어보다 duckling, ducky, quake-quake 등으로 많이 말하는 편이다. 이렇다 보니 요즘은 양말 하나에도 "Mama, where is my socksy?"가 튀어나온다. '싹씨'는 또 뭐야? 얼핏 듣고 두 가지 단어가 먼저 떠올랐다. 첫 번째는 'Sexy', 두 번째는 '(새)싹 + 씨(씨앗)'이었다. 둘 다 아닌 것은 분명하고 다시 뒤를 돌아보니 혼자 양말을 찾아서 이미 한쪽 발에 신고 있다.

화장실의 큰 볼일을 나타내는 poo-poo 발음도 웃기다. 그냥 '푸푸'가 아니라 입을 살짝 더 오므려서 '푸우', 여기서 마지막 '우'는 아주 길게 '푸우-'로 발음한다.

이 밖에도 함께 노는 또래 집단끼리 그때그때 만들어서 쓰는 단어(단어라고 보기에는 좀 우습고 거의 의성어 수준)도 많다. 특히 이런 단어들은 프리스쿨에서 선생님이 읽어준 동화나 함께 본 만화 등이 큰 영향을 미친다. 가령 이야기에 등장하는 주인공이 하마였다면 아이들은 좀 전에 들었던 주인공 하마를 바로 놀이에 등장시키며 'hippo'라고 부르지 않고 저희들끼리 'hiphip'이라고 부른다. 이것도 한 명이 그렇게 부르면 나머지 아이들도 금방 그렇게 부른다. 그러니 지나가면서 얼핏 듣는 어른들은 아이 말하는 'hiphip'이 뭔지 알 수가 없다. 나도 C가 말할 때마다 처음 듣는 단어가 유독 많아서 C가 낸 소리만을 토대로 사전을 찾아 본 적이 여러 번이다. 당연히 사전에 나올 턱이 없다.

혹시 진짜 영어 유치원을 보내는 엄마들은 아이들이 말하는 단어도 모른다고 자신의 영어 실력에 통탄하지 마시기를. 단, 하루가 다르게 쏟아져 나오는 단어에 아이들이 만들어 내는 kids made language에까지 부지런하게 귀를 쫑긋 열어야 따라 잡을 수 있다. 세상은 바쁜 엄마를 더 바쁘게 만들어 준다.

I Love You 교생선생님

프리스쿨 문을 열다 보니 문 앞에 활짝 웃고 있는 젊은 여자 사진과 함께 소개 글이 붙어 있다.

"안녕하세요, 제 이름은 세레나입니다. **교육기관에서 공부하고 있는 학생이고 노래 부르기와 조깅을 좋아합니다. 2주 동안 친하게 지내요. 만나서 반갑습니다."

얼굴을 보니 20대 중국계 아가씨 같다. 그러나 사진 속의 포즈는 과감하게 어깨가 다 보이는 오프 숄더에 숏 팬츠 차림이다. 활짝 웃으며 나무 옆에 기댄 폼이 자유로운 분위기를 폴폴 풍긴다. 실습(Practice)을 나온 교생이다. 이곳 뉴질랜드의 교육기관에서 자주 볼 수 있는 광경이다. 유아교육을 전공하는 학생들은 이론을 공부 한 후 수업 연장의 하나로 현장 실습을 하게 된다. 이때 대부분 실습할 유아 교육기관은 본인이 직접 다니면서 찾는다.

C를 데리러 들락거리면서 이런 학생들이 프리스쿨에 와서 직접 문의하는 광경도 서너 번 보았다. 굉장히 독립적이다. 학생이 직접 실습할 곳을 알아보러 다니는 것도 놀라웠거니와 그들을 대하는 리셉션의 스태프도 귀찮아하는 것이 아니라 처음 보는 학생에게도 마치 길 가다 인사라도 했던 사이처럼 반갑게 인사하고 방문한 용건을 정중하게 들어 준다. 보통은 리셉션 스태프에게 방문 용건을 말하고 매니저를 만나게 된다. 매니저는 실습 학생을 면담하고 교육 센터의 상황을 점검한 뒤 가능하면 그들이 실습을 할 수 있도록 도와준다. 한국에서는 보기 어려운 광경이다. 일부 지정 유치원을 제외하고 일반 유아교육기관에 학생이 이렇게 자주 찾아 와서 교생 실습을 문의하는 것 자체가 흔하지 않은 일이다.

매니저의 허가가 나면 서로 시간 조절을 하고 실습 학생은 실습을 시작하게 된다. 물론 학부모들이 요즘 방문하는 그들이 누구인지 알 수 있도록 문 앞에 자기소개 글과 함께 사진을 붙여 놓는다.

한국도 그렇지만 교생 실습을 나온 학생은 배우러 오는 입장이므로 돈을 받으며 일하는 기존 스태프와는 분위기가 다르다. 아이들에게 관심과 호기심도 많고 학부모에게 질문도 많다. 커다란 가방 안에 학교에서 공부하던 책을 가끔씩 꺼내어 펼쳐 보기도 하고 노트에 뭔가를 그때그때 적기도 한다. 프리스쿨은 그들에게 실제의 현장이므로 무엇이든 많이 보고 배우고 들어야 하기 때문이다.

요즘은 특히 중국, 한국에서 온 유학생 교생들도 눈에 띈다. 뉴질랜드가 이민 국가이기도 하고 많은 유학생들이 유아교육을 선호하여 전공하기 때문이다. 젊은 학생들도 많이 있지만 교생이라 하더라도 나이와 성별을 불문한다. 아이들 둘 키우는 주부, 아직 영어가 서툰 중동계 유학생, 다른 일을 하다가 유아교육으로 전향한 키위 남성 등 매우 다양하다.

얼마 전에는 이민 온 40대 중국계 아저씨 교생도 만나 보았다. 아이들의 지점토 반죽을 도와주고 있길래 다른 아이의 아빠인 줄 알았더니 실습 학생이란다. 그의 경우는 가족과 이민을 와서 유아교육을 다시 공부한 경우라고 했다.

교생에 대한 아이들의 반응은 긍정적이다. 일단 아이들은 프리스쿨에 새로운 사람이 오는 것을 좋아한다. 집에 손님이 오면 괜히 좋아하고 뛰어다니고 한껏 들뜬 분위기가 연출되는 것과 비슷한 상황이다. 게다가 이 교생들은 아이들도 예뻐하고 자주 옆에 와서 같이 놀아주거나 앉아주기도 한다. 아무래도 기존 선생님들만 있는 것보다 한 번이라도 더 손길이 미치게 되니 아이들 입장과 학부모 입장에서는 반가운 일이다.

C도 집에 돌아오면 새로운 선생님 이름을 말하며 자기한테 어떻게 해 주었는지 함께 무슨 놀이를 했는지 어떤 노래를 가르쳐 주었는지 무척 소상하게 이야기해 준다.

가만히 지켜보면 참 합리적인 제도 같다. 학생은 실습 기관을 찾아다니는 일부터 독립적으로 시작하며 일을 배우기 시작한다. 학교에서 일괄적으로 학생들을 교육기관으로 보내어 실습을 시작하는 것과 학생 본인이 직접 찾아다니며 벨을 누르고 자기소개를 시작으로 실습할 곳을 구하는 것은 시작부터가 다르다.

아이들도 새로운 선생님을 자주 만남으로써 처음 만나는 사람을 어떻게 대하는지 차츰 알게 된다. 실습 나온 선생님의 손길을 무척 좋아함은 말할 것도 없다. 교육기관 입장에서는 이런 실습생을 자주 받는 일이 귀찮을 수도 있지만 새로 시작하는 교사들을 가르쳐 주며 스스로 배우는 점도 많다. 함께 보고 듣고 배우게 되는 것이다. 그리고 기존의 유아 교육기관 교사들도 똑같이 이 과정을 거쳤으므로 실습을 부탁하는 예비 교사들을 귀찮아하거나 내쫓지 않고 도와주려 한다. 참 보기 좋은 광경이다. 이들 예비교사들의 순수한 미소와 손길이 아이들 마음에 오래도록 남았으면 하는 바람이다.

프리스쿨 초보 엄마를 위한 매니저 특강

엄마와 떨어지는 것을 좋아하는 아이들은 없다. 한국의 어린이집이나 놀이방에서도 회사로 가는 엄마의 옷자락을 붙잡으며 떨어지지 않으려고 목청껏 우는 아이가 항상 있다. 그나마 6~7세쯤 된 유치원생들은 겪을 것 다 겪어서 이깟 것쯤이야 하고 엄마와 굿바이를 하고 바로 들어가지만 이제 막 프리스쿨을 시작한 아이들은 다르다. 낯선 곳에 나만 놓고 엄마는 가 버린다니 이게 무슨 일인가 싶을 것이다. 어릴수록 더하다.

그럼 진짜 영어 유치원에서는 어떨까? 당연히 똑같다. 언어만 다를 뿐이지 아이들은 똑같은 아이들이다. C도 처음 프리스쿨을 시작할 때 센터가 떠나가도록 울어서 집에 같이 돌아온 것도 여러 번이다. 하지만 그때마다 선생님들의 도움으로 위기를 잘 넘겼고 나머지는 시간이 해결해 주었다. 그래서 선생님 역할이 중요하다.

그럼 이럴 때는 어떻게 하는 것이 좋은지 센터 경력 15년의 리안 선생님의 특강을 들어보자.

1. Tell your child you are going, say good bye, then leave

아이에게 엄마는 갈 것이라고 말하고 굿바이 인사를 한 뒤 돌아보지 말고 가라. 길어지는 굿바이 시간은 엄마와 아이 모두를 힘들게 할 뿐이다. 일하러 가서도 자꾸 울었던 아이 생각이 난다면 아이가 괜찮은지 센터로 전화를 해서 확인한 후 직장 일에 몰두하라. 대부분 우는 아이들은 엄마가 간 후 한바탕 울고 나면 진정한다.

2. Pick up at the same time

아이에게 데리러 오기로 약속한 시간에 정확히 데리러 와라. 아이가 아직 정확한 시각을 못 알아도 대략의 느낌으로 그때가 언제인지는 인지하고 있다. 같은 패턴으로 픽업을 해야 아이도 집에 가는 시간을 알고 기다리고 참을 줄 안다.

3. Do a special signal with your kid

아이와 헤어지면서 하는 인사를 둘만 아는 특별한 인사로 만들어 보아라. 가령 Good bye 후 I Love You 표시로 손가락으로 하트를 만든다거나 짧은 노래를 속삭이듯 불러주고 간다거나 아이가 엄마와 안정을 찾으며 헤어질 수 있게 둘만 아는 특별한 인사법을 시도해 보자. 단 특별한 인사는 자주 바꾸지 않고 지속되어야 효과를 발휘한다.

4. Give a big hug when you pick up

아이를 데리러 다시 왔을 때는 5초 이상 가슴에 푹 안아준다. 아무리 바빠도 허그 타임은 5초 이상 유지하자. 엄마가 자기를 보고 싶어 했음을 아이들이 가슴으로 느끼게 해주자.

5. Chat with your teacher

가능하면 선생님과 많은 대화를 나누어라. 교육 센터에서 아이에게 일어난 일을 모두 알 수 있도록 선생님과 많은 대화를 나누어라. 열린 의사소통은 아이, 엄마, 교사 모두에게 유용하다.

6. Be a happy morning

바쁜 아침시간이라도 절대 아이를 데려다 주면서 짜증내거나 아이에게 화를 내지 마라. 엄마가 화를 내고 가면 아이는 오전 내내 걱정스런 얼굴을 하고 있다. 특히 민감한 성격의 아이들은 더욱 그렇다.

7. No worry about English

영어가 모국어가 아닌 엄마들이 걱정하는 부분은 바로 영어. 하지만 걱정하지 마라. 그 또래의 영어가 모국어인 아이들도 완벽한 영어로 말하지 않는다. 아이가 영어로 인하여 불편을 겪을 일은 거의 없다. 특히 화장실, 간식 시간은 직감으로 알 수 있으므로 더더욱 걱정할 필요가 없다.

이럴 땐 이렇게

아이를 프리스쿨에 보내다 보면 작게는 사소한 것부터 큰 부분까지 여러 가지 상황이 생긴다. 그것은 한국의 일반 유치원, 영어 유치원, 영어권 현지 유치원 할 것 없이 아이들 키우는 엄마라면 장소를 불문하고 누구에게나 일어날 수 있는 일이다.

큰아이가 있는 엄마들은 그간의 노하우로 그깟 것쯤이야 하고 고민할 것도 없이 빠르게 대처하지만 초보 엄마들은 어려워할 수도 있다. 더욱이 외국에서 프리스쿨에 보내는 엄마들은 문화와 언어 문제로 한국 같으면 유치원에 전화 한통으로 물어 볼 작은 부분도 혼자 괜히 고민할 수 있다. 개개인의 노하우가 다르겠지만 완전 초보 엄마들을 위하여 초보 프리스쿨러 엄마의 다이어리를 공개한다.

1. 질병 관련

아이가 아침에 갑자기 아파서 결석할 경우 ■■■

① 일단 열을 재고 집에서 처치할 것인지 의사를 만나야 할 정도인지 판단한다. 외국에서는 아이들 감기로 병원에 가 봐야 특별한 약이나 주사를 처방하지 않는다. 진료비도 비싸다. 의사를 만나야 할 정도의 상황이 아니라면 단순 해열제나 감기약은 약국에서도 구입할 수 있다.

② 프리스쿨에 전화하여 결석을 알린다. 결석을 해도 이미 예약한 부분은 환불되지 않는다.

기타) 해열제 먹이기. 미지근한 물로 몸 닦아주기. 온도계와 해열제는 항상 상비.

프리스쿨에서 약을 먹여야 할 경우 ■■■

① 약과 약 스푼을 비닐 백에 넣어 들고 간다. 약의 겉봉투나 병에 미리 이름을 써 놓는다.

② 선생님을 직접 만나 설명하고 비치된 양식에 투약 서명을 한다. 이때 정확한 약 이름, 먹여야 할 시기, 투약 정도를 직접 기재하고 사인을 한다.

③ 정확히 기재하고도 투약 의뢰서에 직접 사인을 하지 않으면 선생님 임의로 투약하지 못한다.

수두, 홍역, 심한 기침 등 전염의 소지가 있는 경우 ■■■

① 다른 사람에게 전염의 소지가 있는 질병을 가진 사람은 등원할 수 없다. 약관에 명시되어 있다.

② 완전히 나을 때까지 집에 있거나 프리스쿨 매니저의 판단 아래 집으로 돌려보내질 수 있다. 이런 경우에도 교육비는 환불되지 않는다.

③ 특히 홍역(MMR)은 가끔 돌기도 하므로 한국에서 예방주사를 맞히지 못했다면 현지에서라도 맞히기를 권한다.

알레르기가 있는 경우 ■■■

① 특정 알레르기가 있는 경우는 반드시 알리도록 한다. 등록 양식에 적는 칸이 있다.

② 보통 알레르기 대상 아이들은 누구나 알아볼 수 있도록 손바닥만 한 얼굴 사진과 함께 어떤 알레르기가 있는지 적어서 붙여 놓는다. 임시 교사나 도우미 학부모가 와도 바로 조치할 수 있도록 하기 위함이다.

예방 접종 확인표 ■■■

① 대부분의 유아교육기관에서는 등록과 동시에 예방접종확인서를 첨부하도록 한다.

② 단기간 다닐 아동은 경우에 따라 요구하지 않는 경우도 있으나 의외로 수두, 홍역을 앓는 아이들이 많으므로 반드시 접종시키고 한국에서 접종을 한 아동은 보건소에서 영문판을 발급해주기도 하니 미리 준비하면 번거로움을 줄일 수 있다.

③ 한국에서의 접종 시기가 맞지 않아 뉴질랜드에서 접종을 해야 하는 아동은 패밀리닥터를 만나 사전 검진을 하고 접종을 한 후 확인표를 받아 프리스쿨에 제출한다. 필수 항목의 백신은 무료이나 영주권자가 아닌 경우 접종 전 의사 상담 비용을 청구할 수도 있다. 접종 전에 문의하자.

2. 결석

장기 결석을 할 경우 ■■■

① 여행 등으로 일정 기간 동안 장기 결석을 할 경우 결석계 양식을 제출한다.

② 이 기간 동안 일정 교육비를 부과하는 곳도 있다. 교육 센터마다 약관이 다르므로 반드시 확인하도록 한다. 대부분 결석을 하는 경우는 결석계를 미리 제출하더라도 교육비를 그대로 받는 곳도 많다.

크리스마스 할리데이 ■■■

① 12월 중순 넘어 크리스마스부터 약 2주일 동안은 대부분의 관공서까지 문을 닫는 긴 여름 휴가기간이다. 이 시기에는 프리스쿨도 문

을 닫는다.

② 이 기간 동안에는 당연히 교육비가 정산되지 않는다.

③ 단, 크리스마스 연휴 이후 아이를 꼭 맡겨야 되는 가정은 미리 교육기관에 통보하면 같은 계열사의 임시 센터 지점에 아이를 보낼 수 있다. 사설 교육 기관에서는 안내문과 함께 양식을 미리 보내나 공립 킨디 및 플레이센터는 문을 닫는다.

3. 교육기관의 이용

ECE 무료 20시간 이용 ■■■

① 20시간 무료 혜택을 받는 기관인지 꼭 확인하고 등록한다.(대부분 ECE 20 Hours라고 적혀 있음)

② 만 3세가 넘은 아동은 20시간 무료 등록을 센터에서 알아서 작성한 뒤 사인만 하도록 준비해 주지만 양식은 분명히 있으므로 만 3세가 넘어 가기 전 한 번 더 확인한다.

③ ECE 혜택을 받는 아동은 다른 센터에 이중으로 등록하여 다니는 것은 금지되어 있다. 즉 월, 화, 수요일은 A 센터에 등록하여 무료 20시간 혜택을 받고 목, 금요일은 다른 곳에 등록하여 혜택을 받는 것은 금지되어 있다. 이에 관하여 '타 센터에 등록하여 이중 혜택을 보지 않습니다.'라는 내용에 직접 서명을 하는 칸이 있다.

픽업 시간을 넘길 경우 ■■■

① 모든 약속 시간은 반드시 지킨다. 그러나 갑작스런 일이 생겨 한두 시간 늦어질 경우 센터에 전화하여 미리 알리고 데리러 간다.

② 그밖에 30분 이내로 늦을 경우는 그냥 가서 데려오면 되지만 Late Pick Up(레이트픽업) 비용이 청구된다. 자주 발생할 경우 시간 변경을 요구받을 수도 있다.

예약 시간을 바꾸고 싶은 경우 ■■■

① 요일이나 시간을 바꾸고 싶은 경우는 보통 2주전 지정된 양식에 통보한다. 구두 통보는 유효하지 않다.

② 양식에 기재할 때 일정 기간 동안만 임시로 변경할 것인지 변경된 시간으로 계속 이용할 것인지 기재하도록 되어 있다.

센터를 그만 둘 경우 ■■■

① 센터를 그만 둘 경우 2주 전에 지정된 양식으로 통보한다.

② 양식에는 마지막 날 및 사유를 적는 칸도 있으며 마지막 날은 친구들이 포옹을 하며 보내준다.

갑작스런 상황으로 교육 센터가 문을 닫을 경우 ■■■

① 교육 센터의 사정으로 임시로 문을 닫아야 하는 경우(예: 갑작스런 단수, 자연재해로 인한 피해)에는 근처의 교육 센터를 연결해 준다.

② 학부모가 이를 원하지 않으면 보낼 필요가 없고 미리 정산된 교육비는 다음번으로 이월된다.

4. 프리스쿨 생활

다른 아이와의 다툼이 있을 경우 ■■■

① 프리스쿨에서 흔한 경우는 아니지만 다른 아이의 괴롭힘, 놀림으로 아이가 등원하기를 거부하는 상황도 생길 수 있다.

② 다른 아이를 일부러 괴롭히거나 괴롭힘을 당하는 경우 즉시 선생님과 상담을 요청한다.

③ 사전 상담 없이 다른 아이를 소리 높여 야단치거나 오해를 살 만한 행동은 하지 않는다.

④ 심각한 경우 프리스쿨 매니저와 상의하여 일정 기간 동안 엄마가 상주하며 해당 아이를 지켜보는 방법도 있다.

학부모-교사 컨퍼런스 ■■■

① 대부분의 사설 프리스쿨에서는 학부모와 교사의 정기 상담 기간(연 1~2회)을 가진다.

② 교사-학부모 미팅 또는 컨퍼런스라고 칭하며 일정한 기간 동안(3일 정도) 일과 시간이 끝난 후 미리 예약을 받아 진행한다.

③ 평소에도 교사를 통하여 아이의 생활을 들을 수 있지만 정기 상담을 통하여 좀 더 자세하고 체계적인 상담을 받을 수 있다.

생일 초대를 받은 경우 ■■■

① 생일 초대를 받은 경우에는 참석할 것인지를 먼저 알려야 한다.

② 위치와 준비물이 있는지 확인하고 적당한 선물을 사서 아이와 함께 가면 된다. 카드를 써서 가면 더욱 좋다. 단, 선물 포장지나 종이가방을 따로 구입하면 비싼 편이므로 마트에서 저렴한 포장지를 사

서 직접 포장하거나 구입한 곳에서 부탁한다. 일반적으로 아이 나이가 어리므로 2시간 내외로 파티를 하고 엄마들은 함께 기다리며 차를 마신다.

생일 초대를 하는 경우 ■■■

① 친구들의 이름을 써서 간단한 안내장을 보낸다. 안내장에는 날짜, 시간(마치는 시간 포함), 장소를 쓰고 초대하는 부모의 연락처와 참석 여부를 알릴 마지막 날짜까지 적는다.

② 초대장을 작성하고 프리스쿨의 개인 포켓에 넣거나 개인적으로 전달한다.

③ 참석 대상 아동이 확정되면 인원수에 맞게 파티를 준비한다. 집에서 하거나 아동 파티를 예약 받는 곳에서도 할 수 있다.(생일 파티 프로그램이 있는 패스트푸드점, 실내 놀이터, 뮤지엄에 마련된 파티 프로그램 등)

특정이벤트 및 복장 ■■■

① 데포딜데이, 크리스마스, 파자마데이, 할로윈데이 등 특정한 이벤트나 행사를 알리는 안내장(notice)이 오면 가급적 안내에 따라 준비한다. 하루를 즐겁게 보낼 수 있고 기억에 남는 문화 체험이 된다. 준비물이 부담스럽다면 거창한 준비물은 아니더라도 간단한 소품만으로도 참여할 수 있다. 집에 있는 물건을 활용하거나 2달러 숍 등 저렴한 숍에서 소품을 구입할 수 있다.

예) Daffodil Day : 노란색 티셔츠 입기, 골드코인 도네이션, 수선화 사서 옷에 달기

Christmas : 빨강, 초록 등 색지로 머리 묶기

Mother's Day, Father's Day : 교육센터에서 아동이 부모에게 보내는 편지, 간단한 선물을 만들어서 옴

Fairly Day : 2달러 숍에서 파는 천사 날개

Halloween : 검은색 망토, 마스크 등

All black(럭비 팀) : 검은색 티셔츠, 스커트, 깃발

Plus+ 프리스쿨러 맘(Pre Schooler Mum)들의 필수 사전

자주 쓰는 용어 설명

- Absent : 결석
- Accident : 사고
- Afternoon tea : 오후 간식
- Arrival : 도착. 유아 교육기관 도착 시간을 말함
- Attendance record : 출석 확인표. 교육센터에 갈 때마다 in & out 하는 시간을 쓰고 학부모가 직접 사인함
- Balance : 잔고. 한 달 단위 등으로 미리 교육비를 지급했을 때 해당 주 분을 제외하고 남아 있는 나머지 금액을 지칭함
- Booking : 교육 요일과 시간 예약
- Cancellation : 취소. 예약 취소의 개념으로 사용. 일반적으로 2주 전에 서면으로 통보해야 함
- Caregivers : 아이를 돌보아 주는 사람을 일반적으로 지칭. 가디언의 개념으로 쓰임. 예) Dear Parents/Caregivers
- Charge : 요금, 청구. Free of charge 무료
- Communicable disease : 전염할 수 있는 질병 = Infection disease

- **Curriculum** : 교육과정
- **DOB** : Date of Birth 의 약자. 일/월/년도 순으로 적음
- **Dose**(Dosage) : 복용량(약 복용량)
- **Dual enrolment declaration** : ECE 혜택 관련 이중 등록을 하지 않 았다는 내용. 서명하는 칸이 있음
- **ECE** : Early Childhood Education의 약자
- **20 Hours ECE** : 만 3세 이상 아동이 유아 교육기관에서 교육을 받는 경우 20시간에 해당하는 교육비를 면제해 줌. Free 20 hours라고 부르기도 함. 하루에 6시간 이상 +주당 20시간 이상을 등록해야 혜택을 받을 수 있음
- **Emergency contact** : 부모 이외의 비상 연락이 가능한 사람. 친구, 이웃의 번호를 적어 놓으면 유용함
- **Enrolment** : 등록. 유아 교육기관 간판에 Enrolment라고 크게 붙여 놓기도 함
- **Ethnic** : 인종. Korean이라고 적으면 됨
- **Excursion** : 당일 여행. Day Trip
- **Fee** : 비용. School Fee, Education Fee 원비
- **First name** : 이름
- **Footwear** : 신발
- **Full Time**(Long Day) : 종일반
- **Gender** : 성별. Male(남) Female(여)
- **GP** : General Practition의 약자. 개업 의사. GP라고 부르며 등록시 GP, Family Doctor를 적는 칸이 있음. 병원이름과 연락처, 의사 이름을 알아두면 유용함
- **Gold coin** : 동전을 뜻함. 특별한 날에 1~2달러를 기부함

- Hygiene : 위생. 예) Oral Hygiene 구강 위생, Food Hygiene 음식 위생, Child Hygiene 아동 위생
- Holiday discount : 가족 여행 등으로 장기 결석을 할 경우 원래의 금액에서 할인해 주는 제도. 미리 2주 전에 통보하면 약관에 제시된 요율만큼 깎아줌
- Immunisation record : 예방주사 접종 확인표
- Incident report : 일종의 사고 리포트. 주로 아이가 교육 센터에서 지내다가 조금이라도 다쳤을 때 당시 상황과 응급처치 내용을 기록하는 문서. 상황 발생 후 학부모에게 바로 통보하고 학부모는 내용과 조치 방법 등을 읽은 후 확인 사인을 함
- Late fee : 예약된 교육 시간보다 늦게 데리러 가면 발생하는 금액. 15분 단위 혹은 30분 단위로 발생함
- Lost property : 분실물. 모자, 가방, 물병에 이름을 써서 잃어 버려도 쉽게 찾도록 함
- Medication administration form : 약 관리 양식. 아동이 가져온 약을 교육 센터에서 약을 먹이거나 발라야 할 때 학부모가 적는 투약 의뢰 양식. 약 이름, 시간, 투약 정도 등 자세히 적어야 함
- Medicine : 약. 응급처치에 쓰는 약을 사용할 것인지를 묻는 칸이 있음. 주로 소독약, 벌레 물린 데 바르는 약 등임
- Morning tea : 아침 간식
- Notice : 안내장
- Operating hours : 문 여는 시간
- Over 3 years : 3세 이상
- Overdue : 기한이 지난, 밀림
- Overdue payment : 밀린 금액. 선불로 지급하지 않았을 경우 찍혀 나옴

- **Paid** : 요금 지불이 끝난 상태. 이미 지불이 끝난 건에 대하여 'Paid' 라는 도장이 찍혀 나오는 경우도 있음
- **Parent hand book** : 교육 센터에서 제공하는 학부모 지침서
- **Part Time**(Short Day) : 반나절(오전, 오후반)
- **Payment** : 금액 지불. 선불(in advance)로 지불함
- **Photograph permission** : 사진 촬영 허가. 아동의 얼굴이 나온 사진을 찍어도 되는지 묻는 칸이 있음. 포 트폴리오 이외에 해당 기관의 광고나 잡지, 웹사이트에 나올 수도 있으므로 신중 히 결정
- **Philosophy** : 철학 / Center philosophy (교육기관 철학)
- **Policy statement** : (교육기관)방침
- **Portfolio** : 포트폴리오. 한국처럼 개인용 포트폴리오가 있음
- **Ratio** : 비율, 교사 낭 아동 비율을 뜻함
- **Safety** : 안전
- **Sibling discount** : 형제자매가 같이 다니는 아이들에게 할인해 주는 제도. 일반적으로 작은아이 교육비의 10%를 할인해 줌
- **Signature** : 사인
- **Smoke free** : 금연 지역. 유아 교육기관은 금연 지역으로 정해져 있음
- **Subsidy** : 보조받는 금액. 수입이 낮은 가정의 유아 교육비를 지원해 줌. 영주권자가 아닌 사람은 해당 사항 자체가 없음
- **Surname** : 이름의 성
- **Transferring** : 전학. 같은 체인점의 다른 센터로 이동할 경우 지칭
- **Under 3 years** : 3세 미만

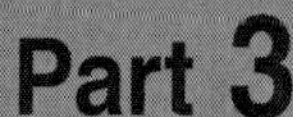

Part 3

Mums in NZ

뉴질랜드에서 만난 엄마들

뉴질랜드 키위 맘 : 《켈리와 카타나 & 딘》

켈리(Kelly)는 옆집에 사는 앨런과 크리스틴의 막내딸이다. 딸만 셋인 이 집에서 가장 돋보이는 켈리는 우리 C와 동갑인 카타나(Katana)와 이제 막 돌이 지난 딘(Dean)을 키우고 있는 싱글 맘이다. 처음 그녀를 보았을 때 뽀얀 피부에 짙은 색 검은 머리와 이곳저곳의 피어싱, 간간이 보이는 문신은 두 아이를 가진 엄마라고 말하기에는 조금 어색했다. 터프해 보이는 켈리, 그러나 그녀는 알면 알수록 따뜻한 사람이었다.

4살 된 딸 카타나는 제 엄마의 이목구비를 닮아 눈, 코, 입은 오목조목하고 앞이마는 톡 튀어 나와 볼 때마다 입체감 있는 그녀의 얼굴을 톡 눌러보고 싶다. 머리카락 색은 엄마와 달리 완전 금발에다가 특유의 뾰로통한 표정이 주특기이다. C와 놀다가도 뭔가가 마음에 안 들면 제 할머니인 크리스틴을 부르며 쪼르르 달려가 그녀의 품에 안겨 울먹인다. 그러다가도 금세 기분이 풀려 다시 와서 C와 J의 바비 인형을 들고 함께 놀곤 한다.

아들 딘은 돌이 지난 아기라고 보아주기에는 덩치가 매우 큰 우량아다. 아무도 모르는 사이에 조용히 손으로 초콜릿무스 통에 손을 넣고 휘저어 맛을 보며 좋아하는 모습이 매우 귀엽다.

켈리는 남편과 얼마 전에 헤어졌지만 씩씩하게 딘을 낳아 잘 키우고 있다. 최근 대학 공부를 새로 시작해서 낮에는 학교를 가고 저녁에는 아이들을 돌본다. 게다가 주말에는 인근 카페에서 파트타임으로 일을 한다.

매력적인 그녀답게 남자 친구로 추정되는 친구도 가끔 보이는데 일을 안 하는 날에는 두 사람이 함께 크리스틴의 집에 와서 카타나와 딘을 크리스틴에게 맡겨 두고 맥주 박스를 차에 싣고 유유히 사라지곤 한다. 그들이 나가는 모습을 앨런과 크리스틴은 손을 흔들며 재미있게 잘 보내고 오라고 배웅한다. 아직 보수적인 우리들의 모습과는 사뭇 다르다. 이들이 나가는 모습을 내가 함께 서서 보고 있으면 크리스틴은"This guy seems to be very nice."라는 말로 괜히 혼자 복잡한 나의 머릿속을 한 번에 정리해 준다.

이런 켈리의 모습을 보며 나는 주관이 뚜렷하고 당차게 사는 싱글맘이라고만 생각했는데 크리스마스 파티 때 그녀의 집을 방문하면서 또 한 번 놀라게 되었다. 한국과는 반대의 계절인 Summer Christmas에 켈리의 집에서 크리스틴 앨런 가족, 그들의 친구들과 함께 크리스마스 파티를 열었다. 켈리는 앨런 집에서만 마주쳤기 때문에 그녀의 집 방문은 그때가 처음이었는데 생각보다 넓은 집에 우선 살짝 놀랐다. 나도 모르게 집을 언제 구입했냐고 물었더니 자기 집이 아니라 렌트한 집이란다. 아이 수당 등이 있다고는 하지만 그래도 이렇게 큰 집 렌트비가 만만치 않을 텐데 내가 다 걱정이 되었다.

이런 나의 걱정을 눈치 챘는지 켈리는 큰 집을 렌트한 이유를 설명했다. 아이들을 좀 더 많이 키우려고 방이 많은 집을 빌렸단다. 아이? 무슨 아이? 켈리 아이가 또 있어? 눈을 동그랗게 뜨며 묻는 나에게 그녀가 낄낄 웃으며 말했다. 숨겨 놓은 자기 아이는 없고 부모가 돌보아 주기 어려운 아이들을 데려다가 돌볼 작정이란다. 한창 부모 사랑을 받고 자랄 나이에 세상에 혼자 던져진 불쌍한 아이들을 돌보는 것이 자기의 꿈이라고 했다. 지금 대학에서 공부하는 것도 그와 관련된 공부이고 누군가의 인생에 자기가 도움이 된다면 기꺼이 그렇게 하고 싶다고 진지하게 말했다. 그렇게 말하는 그녀가 무척 빛나 보였다.

아이들을 맡겨 놓고 남자 친구와 놀러 나가는 것을 보면서 철없다고 생각했었는데 그게 아니었다. 피어싱을 보며 한 개만 하지 예쁜 얼굴에 왜 이리 많이도 했을까, 하는 생각을 여러 번 했었는데 눈에 보이는 것만이 그 사람을 알게 해주는 것이 아니었다.

자기 집 이곳저곳을 보여주며 아이들을 데려와서 이렇게 저렇게 하고 싶다고 활짝 웃으며 이야기를 펼치는데 그날따라 그녀의 피어싱은 비장한 각오를 다지고 있는 피어싱처럼 존재감마저 느껴졌다. 그날 이후로 나는 켈리를 다른 눈으로 보게 되었다.

내가 뉴질랜드에서 살면서 사소한 문제에 부딪쳤을 때 팔을 걷어붙이고 도와주는 그녀의 모습은 그냥 겉으로만 걱정해 주고 도와주려는 모습이 아닌 그녀의 진심어린 도움이었다. 뉴질랜드를 떠나올 때 그녀가 좋아하는 검은색 묵주 팔찌를 선물했다. 켈리는 종교는 없지만 팔찌를 보며 항상 신이 자기를 지켜줄 거라며 고이 간직하겠다고 했다.

싱글 맘이라고 혼자 지쳐있기보다는 사랑하는 아이들을 얻어서 행복하다는 켈리. 늦은 나이라도 공부하게 되어서 기쁘다는 켈리. 사랑받은 만큼 나누어주고 싶다는 켈리. 그녀가 하는 모든 일이 잘 되어 행복하게 살았으면 좋겠다. 보기만 해도 좋아보였던 그녀의 행복 바이러스가 나에게도 뿌려진 것일까.

이웃 나라 일본 맘 : 《미아상, 오하이요-》 

월요일 12시이면 나는 어김없이 미아(Mia)의 집으로 향한다. 내가 올 것을 알고 미아는 테이블 한구석에서 커피를 내리고 있다. 우리 둘 다 특별한 일이 없으면 그녀와 나만의 월요 티타임을 가진다. 일본인인 미아는 남편과 함께 뉴질랜드에 정착한 지 8년째인 주부다. 일본인인 그녀의 남편도 미아와 마찬가지로 워킹할리데이비자로 뉴질랜드에 왔다가 미아를 만나 결혼을 하고 자리를 잡았다고 한다. 나와 미아는 J가 학교에 가던 첫날 교실 안에서 만나 일본어로 인사를 한 뒤 바로 친구가 되었다.

미아도 나처럼 딸이 둘인데 첫째 딸 고하루(Koharu)는 J와 같은 반이고 둘째 딸 히라리(Hirari)도 C와 같은 나이이다. 그래서 우리는 더 잘 통했다. 영어로 이야기를 하던 미아는 내가 일본어에 관심이 많다는 것을 알고 언제부터인가 일본어로 말을 하기 시작했고 초보 수준인 나의 일본어 실력에도 불구하고 우리는 만나면 학교 이야기, 영어 이야기, 자녀 교육 이야기 등 일상적인 수다에 아이들 픽업 시간이 지난 줄 모르고 시계를 보고 놀라 허둥지둥 나간 적이 한두 번이 아니다.

처음 미아를 만났을 때 내가 관심을 갖고 있는 두 가지 언어를 모두 하는 그녀가 부러웠다. 딱 보아도 일본인처럼 생긴 그녀의 외모와 특유의 일본 억양. 미아를 만날 때마다 나도 그녀처럼 일본어가 하고 싶어서 입이 간질거렸다. 내 수준은 초보이니 하고 싶은 말이 많아도 다 표현을 하지는 못하지만 한국에서부터 들고 온 일본어 문법책과 단어장 그리고 기대하지 않고 가방 한구석에 넣어 왔던 전자사전은 그 수명을 다할 때까지 아주 유용하게 썼다. 완벽한 일본어 문장이 아니더라도 이미 서로의 생활을 대략 알고 있는 우리였기에 주요 단어 하나만 끄집어내도 무엇을 말하고 싶은지 금방 알 수 있었다.

다른 이민자의 가정과 마찬가지로 미아도 그들의 모국어인 일본어 교육을 매우 중요시한다. 당연히 아이들과 이야기를 할 때도 일본어로 말하고 집안 곳곳에 '히라가나' 차트를 걸어 놓고 수시로 가르친다. 첫째 딸인 고하루는 주말에 일본어 학교에서 일본어를 배운다. 둘째 딸 히라리는 집에서 좀 떨어졌는데도 불구하고 주 3회는 일본인 선생님이 있는 어린이집에 가고 나머지 시간은 키위 아이들이 다니는 집 근처의 킨더(Kinder)에 간다. 아이들의 모국어를 위하여 집안 물건 곳곳에 일본어 단어를 붙여 놓았다.

미아는 지금은 일을 하지 않고 육아에 전념한다. 얼마 전까지는 시내에 있는 기념품 가게에서 일을 했지만 지금은 아이들 두 명을 돌보느라 일하는 것은 생각도 못한다고 한다. 또한 뉴질랜드에서 학교를 졸업하거나 특별한 기술이 있지 않은 다음에야 이민 온 가정의 엄마가 당장 할 수 있는 일은 가게에서 파트타임으로 일을 하는 정도인데 엄마 손이 많이 가는 어린 아이들을 돌보아 줄 사람도 없는 마당에 굳이 파트타임 일을 구할 필요가 없다는 그녀의 생각에 나도 동의한다. 나가서 조금 벌고 다시 그 돈을 아이 맡기는 비용에 쓸 필요는 없다는 것이다.

집에서 아이들을 돌보지만 미아의 하루는 다른 엄마들처럼 정말 바쁘다. 아이들 학교 및 유치원 픽업하는 일 외에 방과 후(또는 등교 전) 아이들 수영 강습, 주 1회 그녀의 유일한 취미인 골프 모임, 그 외의 시간에는 학교에서 자원봉사도 틈틈이 한다. 물론 집안일도 그녀의 몫이다. 일본에 있는 그녀의 친구들을 비롯하여 다른 사람이 생각하는 자유로운 외국 생활은 광고에나 나오는 상상일 뿐, 아이를 키우며 사는 것은 어디를 가나 똑같다는 그녀의 말에 100% 공감한다. 오히려 일본에 살 때보다 더 바쁘단다.

뉴질랜드에 오래 살아서 여기 생활 시스템에 익숙하다고는 하지만 이곳이 자신이 자란 일본도 아니고 완벽하지 않은 영어 때문에 중요한 일을 처리할 때는 주변 사람에게 한 번 더 묻고 확인해야 하므로 모든 일 처리에 시간이 좀 더 걸린다고 했다. 그 말이 맞다. 잠시 체류하는 나도 뭐 하나 하려면 옆집에 물어보고 그것도 모자라서 인터넷을 찾아보고 하는데 이곳에 사는 미아도 당연히 나와 같은 일을 겪고 또 겪었을 것이다. 그래도 자기네 가족은 젊은 나이에 자리 잡았고 이제는 일본보다 뉴질랜드 생활이 훨씬 편하다고 한다. 아이들도 여기서 태어났으니 당연한 일이다. 가장 바라는 것이 뭐냐고 물으면 소박하게 대답한다.

"아이들이 여기서 건강하게 잘 자라고 우리들의 나라 일본을 잊지 않았으면 좋겠어."

누구나 할 수 있는 흔한 대답이지만 이민 1세대 엄마답게 소박하고도 단단함을 느낄 수 있는 말이다. 크라이스트처치를 떠난 후 이따금씩 문자를 주고받으며 안부를 묻는데 문자 하나에도도 일본인 특유의 예의바름이 느껴진다.

날씨가 흐린 날은 빨래가 마르지 않아서 싫다는 미아. 날씨가 흐린 날은 분위기가 우울해서 싫다는 말이 아닌 젖은 빨래가 싫다는 현실적인 대답을 하는 그녀가 나는 좋다. 그녀의 모습이 나의 모습 같아서일까. 이제는 멀리 떨어져서 언제 또 볼지도 모르지만 마치 제주도에 사는 친구처럼 어쩌다 만나도 수다를 떨 수 있는 친구 같다.

미아상, 건강하고 또 봐요. 10년 후에 만나도 아무렇지도 않게 아이들 키우는 이야기하면서요. 그때까지 오겡끼데 사요나라.

군대에 갔다 온 이스라엘 맘 : 《할리데이? 홀리데이?》 

처음 그룹 운동을 시작한 날, 나는 초보 티를 내며 스튜디오 가장 뒤편 문 옆에 어색하게 서 있었다. 강사로부터 운동 시작 전 주의 사항을 듣고 있는데 늘씬한 여성 한 명이 늦게 들어와서 내 옆에 서더니 특유의 억양으로 속삭이듯 물었다.

"괜찮으면 나랑 자리 바꾸어 줄래요? 늘 서던 자리라서 그 자리가 익숙해서요."

그녀가 들어와서 섰던 자리는 강사가 더 잘 보이는 중간이므로 나는 안 바꾸어 줄 이유가 없었다. 우리 둘은 미소를 짧게 주고받으며 얼른 자리를 바꾸었다.

그렇게 몇 주가 지났을까 나는 그녀를 우리 동네 식품 가게에서 마주쳤다. 아, 그러고 보니 우리는 꽤 안면이 있었다. 식품 가게가 아닌 동네 도서관에서 또 만났을 때 우리는 우리가 어디에서 마주쳤을까 곰곰이 생각해 보았더니 답은 다른 곳에 있었다. C가 다니는 프리스쿨에 그녀의 딸도 다니고 있었던 것이다.

그녀의 딸과 C가 다니는 프리스쿨은 차가 들어오는 출입구가 좁아 한 대씩 들어오고 나가야 하므로 몇 주만 다니다 보면 비슷한 시간대에 들어오는 차량을 파악하게 되고 눈인사하며 서로 양보 운전을 한다. 아이들 내려다 주고 가기 바쁜 시간이므로 일부러 차에서 내려 이야기를 나눌 시간은 없지만 이미 차 안에서 웃으며 인사를 하고 다니기 때문에 얼굴을 충분히 익혔던 것이다.

그녀의 이름은 홀리(Holly). 홀리는 이름에서도 알 수 있듯이 이스라엘 출신이다. 자녀 교육으로 유명한 이스라엘 유태인이다. 컴퓨터 프로그래머인 이스라엘 출신 남편과 함께 여러 나라를 거쳐 뉴질랜드에 왔다고 한다.

그날 이후 우리는 만날 때마다 제법 많은 이야기를 나누었고 남편 없이 아이들과 함께 뉴질랜드에서 체류 중이라고 하자 내게 많은 관심을 보이며 우리 이야기와 한국 이야기를 듣고 싶다며 자기 집에 초대했다. 홀리의 집과 우리 집은 차로 1분, 걸어서 5분도 걸리지 않은 같은 동네였으므로 한가한 토요일 오전에 그녀의 집을 방문했다.

홀리가 나에게 우리 사는 이야기가 궁금하다고 집으로 초대해서 듣고 싶다고 한데는 듣고 보니 그녀만의 여러 가지 이유가 있었다. 우리가 홀리의 집을 처음 방문한 날 홀리는 정성스럽게 케이크를 구워 놓고 그녀의 남편과 함께 우리를 기다리고 있었다. 따뜻한 차 한 모금이 목으로 넘어가기도 전에 두 사람은 기다렸다는 듯이 나에게 번갈아 가며 속사포처럼 질문을 해왔다. 마치 면접장의 면접관들 같았다.

처음 묻는 질문으로 군대에 관한 이야기가 나왔다. 우선 이스라엘도 군대 이야기를 꺼내면 이래저래 할 말이 많은 나라라는 점이다. 알다시피 이스라엘은 전 국민 군대 의무 복무 기간이 있다. 당연히 홀리도 이스라엘 국민의 의무 사항인 군대 복무를 마치고 뉴실랜드에 왔다고 했다. 여기서 홀리가 군대에 다녀 온 이야기를 하면 대부분 사람들이 눈을 동그랗게 뜨고 자신을 마치 여전사 보듯 바라보는 것에 적지 않게 놀라서 기회가 된다면 군대 의무 복무인 나라 국민을 꼭 만나 공감대를 나누어 보고 싶다고 생각했단다. 내가 남자라서 군대에 다녀왔다면(아니면 여성 직업 군인이었더라면)더 많은 이야기를 해 줄 수 있었겠지만 군대에 관하여 이것저것 묻는 그녀의 질문에 내가 아는 한도 내에서 대답을 할 수밖에 없었다.

군대에 관한 질문 이후 홀리와 그녀의 남편이 묻는 질문은 교육에 관한 부분이었다. 홀리의 나라인 이스라엘은 과학이나 영재교육도 중요시한다. 홀리 남편도 이스라엘에서 IT 분야에서 꽤 높은 보수를 받으며 일했었고 기술 이민으로 인정받아 뉴질랜드에 정착하게 되었다고 했다. 무일푼으로 뉴질랜드로 온 홀리의 가족은 처음에는 오클랜드에서 살았는데 예상보다 높은 렌트비에 부담이 되어 남섬으로 자리를 옮긴 후 주택 구입용 대출을 받아 지금 사는 집을 마련하였다고 한다.

홀리의 남편이 한국 프로그래머들과 일한 경험이 있는데 그들의 말처럼 고등학교 학생들이 공부하느라 아침 7시에 나가서 밤 11시에 집에 온다는 것이 정말 사실인지 진지하게 물었다. 나도 그랬었고 아마 지금도 많은 학생들이 그럴 것이라고 답하자 '오 마이 갓'을 연발한다. 한국 동료들이 농담을 하는 줄 알았단다. 나에게 학창 시절을 그렇게 보내고 나면 무슨 재미가 있느냐고, 게다가 공부에만 매달려 있으면 운동은 언제 해서 건강한 신체를 만드느냐고 반문했다.

나의 대답에 살짝 흥분하며 부부 사이에 그들의 언어, 히브리어가 오간다. 홀리 부부는 대부분 영어로 말하지만 급하게 나오는 말이나 자기들끼리 흥분하며 이야기할 때에는 모국어인 히브리어가 튀어 나온다. 당연한 현상이다. J와 C도 한국으로 돌아가면 그렇게 공부할 거냐는 질문에 솔직한 답을 했다.

"지금은 당연히 그렇게 시키고 싶지 않은데 나도 사람이니 나도 모르게 마음이 변할 수 있겠지요. 그렇지만 그렇게 하지 않으려고 지금부터 아이들과 이렇게 돌아다니며 세상 공부하는 중이에요."

내 말에 자기 부부들 생각도 그렇단다. 홀리 부부도 자기 아이들에게 더 넓은 세상을 보여주고 싶어 자기 나라를 떠났다고 하니 세계적인 명성이 있는 유대인 교육 방식이라도 그들의 마음에 안 드는 부분이 있었나 보다.

지금 그녀의 관심사는 재취업이다. 홀리는 이스라엘에서 대학을 졸업했지만 뉴질랜드에서 취직을 하고 싶어서 다시 비즈니스 학과를 수료하고 열심히 직장을 찾으려 면접을 보고 다닌다. 홀리의 딸 샬롬은 이제 겨우 만 1세가 지났는데 아이는 데이케어(Day Care)에 맡기고라도 자신은 열심히 일을 해서 뉴질랜드 사회에 발을 들이고 싶단다.

그녀가 스포츠센터에 보이지 않는 날은 대부분 직장 관련 면접을 보거나 중요한 서류를 준비하는 날이다. 다음 날 얼굴 표정이 좋으면 면접을 보러 오라는 전화를 받았거나 만족스럽게 면접을 끝내고 결과를 기다리는 중이다. 힘이 없어 보이거나 표정이 안 좋으면 영락없이 'So disappointed' 했다는 날이다.

홀리는 직장을 구하는 데 참 적극적이면서도 은근히 고집이 있다. 다른 이민자들처럼 '그냥 되는 대로 아무 일이나 해 보자'가 아니라 자신이 가고 싶은 회사를 다니며 지원서를 들고 적극적으로 내민다. 꼭 자기의 전공을 살리고 싶단다. 여기까지 어렵게 와서 공부를 마쳤는데 자기의 전공과 상관없이 시내 아무 데서나 테이블 닦으며 접시 나르는 일은 하고 싶지 않다고 했다.

자석 주위의 철가루와 같다고 할까. 그냥 흔들어 놓을 때는 아무렇게나 섞인 듯 갖가지 모양을 다 하며 진짜 모습을 드러내지 않지만 자석을 들이대면 언제 그랬냐는 듯이 N극과 S극 사이로 일정한 모양으로 순식간에 움직이는 철가루 같다.

홀리를 마지막으로 본 날, 그녀는 여전히 면접 준비로 바빴고 꼭 취직할 거라고 엄지손가락을 들어 올리며 매일 들고 다니는 큰 가방 안에 운동복을 집어넣고 급히 주차장으로 향했다. 아직도 직업은 구하지 못했다고 했다. 그렇지만 홀리는 웃는 얼굴로 내게 말했다.

"우리는 어렵게 와서 열심히 일해서 여기까지 왔어. 그래서 꼭 여기서 성공하고 싶어. 우리들의 나라를 떠나 왔지만 아이들에게는 자랑스러운 부모가 되고 싶어."

그녀다운 말이었다.

아이들에게 자랑스러운 부모. 간단한 말이지만 어깨가 무겁고 의미 있는 말이다. 아이들에게 자랑스러운 부모가 되려고 열심히 사는 사람들은 주변인들의 자극제가 된다. 홀리 덕분에 나도 자극을 더 받았다. 씩씩한 그녀의 뒷모습을 보며 나도 나에게 최면을 걸었다.

"나는 자랑스러운 부모이다. 아이들에게는 거울처럼."

엔조이 싱가포르 맘 : 《나, 최강 동안 조이스》 

나의 NZ 생활 중 절대 빠질 수 없는 싱가포르 앤티들(Aunties). 일본어 다음으로 나를 폭 빠지게 한 살짝 시끄러운 중국 '성조'의 그녀들. 그리고 그녀들 중의 우두머리. 동안의 절대 강자. 그녀의 이름은 '조이스'이다. 조이스를 처음 만난 것은 헬스클럽에서 거울 보며 혼자 덤벨을 들어 올리고 있을 때였다. 누군가 다가와서 말을 붙였다.

"에이, What's your name?"

뭐, 에이? 나 부르는 거 맞아? 내 이름이 'A'야? '하이'도 아니고 '에이'가 뭐야.

인사도 없이 대뜸 이름이 뭐냐는 질문에 나는 조금 어이없다는 표정으로 나를 부른 그녀를 바라보았다. 차림을 보니 트레이너는 아니고 그렇다고 나에게 관심 있어 보이는 남자도 아니고 나보다 좀 더 나이가 있어 보이는 동양인 여자였다.

그녀의 대담함에 이미 조금 눌린 나는 입꼬리를 살짝 올리고 들고 있던 덤벨을 내리고 인사했다.

"Youn이에요. 만나서 반가워요."

"난 조이스. Joy로 기억하면 돼. 너 여기 친구 없지? 다닌 지 얼마 안 된 거 같은데 이리 와봐. 우리 친구들 소개해 줄게. Come on."

내 대답을 듣기도 전에 그녀는 나를 회사의 신입 사원 다루듯이 능숙하게 한쪽 구석으로 끌고 갔다. 그녀가 가리키는 곳을 보니'친구'라고 부르기에는 나이가 좀 있어 보이는 아줌마들이 푸근한 미소를 지으며 나를 아는 사람처럼 손을 마구 흔들었다.

"다들 이리 와 봐. 여긴 Youn. 한국에서 왔대. 오늘부터 우리 멤버야."

어머머머, 내가 언제 친구한다고 했나? 멤버는 또 뭐고, 게다가 나보다 나이도 한참 많아 보이는데 친구라니. 나는 내가 어떤 표정을 짓고 있는지 나도 모른 채 그녀들에게 둘러싸여 첫 대면을 했고 조이스의 말대로 그날 이후 그들의 '멤버'가 되었다. 결론부터 말하면 내가 그녀의 눈에 띈 것은 생각지도 못한 선물 같은 것이었고 그녀들과 한 시간은 나의 NZ 생활의 일부분이었다고 해도 과언이 아니다.

나는 이 싱가포르 아줌마 친구들을 통하여 수업료 하나 없이 내가 앞으로 겪을 인생을 간접 체험했다. 수업료는커녕 그녀들은 어디를 가나 한국에서 온 '젊은 동생'을 챙겨주기에 바빴다. 마음에 맞는 인생 선배들을 통해 인생을 미리 간접 체험하는 것. 굳이 표현을 하자면 미리 나올 예상 문제를 보는 것 같은 느낌이라고나 할까. 그들을 통해 얻은 경험은 쉽게 녹지 않는 캡슐처럼 나의 가슴과 머리에 고이 저장되어 있고 앞으로도 그럴 것이다.

조이스에 대하여 좀 더 이야기를 하자면 그녀는 싱가포르에서 왔다. 영어 역시 싱가포르 억양이 강하게 있는 '싱글리쉬'다. 그렇지만 일부러 싱글리쉬를 감추려 하지 않는다. 오히려 당당하게 싱가포르식 영어로 키위들과 이야기할 때도 자신의 목소리를 확실히 낸다.

작지만 강한 나라, 싱가포르 이미지처럼 조이스 역시 곧으면서도 개성이 강하다. 생각도 젊다. 곧 있으면 60이라는 50대 후반인 그녀는 아직 30대인 나보다 겨우 몇 살 더 많게 보인다. 한국 나이로 치면 환갑이 다된 나이이고 '환갑'이라면 나와는 한참 떨어진 나이 같은데 그래도 그녀는 나를 친구란다. 생각의 나이가 우선이지 신체 나이는 숫자에 불과하단다.

그랬다. 그녀는 마음도 생각도 얼굴도 '동안'이었다. 조이스와 가깝게 지내며 그 이유를 알았다. 비결은 아주 간단했다. 최대의 즐거움을 누리며 스트레스는 최대한 줄이기. 그것이 말처럼 쉽지는 않지만 그녀와 그녀의 친구들을 그것을 실천하고 있었다.

조이스는 잘 웃고 듣는 사람의 기분을 거스르지 않으면서 생각을 분명히 말한다. 그저 다른 사람 기분에 맞춘 진심이 없는 아부성 발언은 그녀와 어울리지 않는다. 그렇지만 자신이 바른 소리를 하는 만큼 다른 사람의 말도 잘 들어준다. 물론 시간이나 경제적 여유가 있는 나이이기에 그런 생활이 가능하다고 말할 수도 있겠지만 한국에 있는 많은 사람들은 그녀와 비슷한 나이임에도 불구하고 단지 나이가 많다는 이유로 항상 명령조로 말하거나 자신의 생각만을 강요하는 경우가 많다.

그녀는 달랐다. 조이스는 평소에도 부지런히 움직인다. 시간이 날 때마다 되도록 길고 좋아하는 지인들과 걷다가 찾아낸 저렴한 맛집 음식을 즐긴다. 주중에는 이렇게 친구들과 함께하고 주말에는 가족과 함께한다.

조이스의 가족은 남편 SK(처음 SK라는 이름을 듣고 모기업이 떠올랐는데 실제로 SK는 대기업을 떠올릴 만한 이름에 걸맞은 외모를 지녔다), 애교 만점 쌍둥이 두 딸 링 시스터즈, 그리고 듬직한 맏아들, 알렉산더 이렇게 다섯 명이다. 이들은 10여 년 전 투자 이민으로 발을 디뎠다. 북섬의 오클랜드와 웰링턴을 거쳐 뉴질랜드의 자연경관을 더욱 만끽할 수 있는 남섬의 크라이스트처치에 자리를 잡았다고 한다.

그녀와 친해진 후 3주쯤 지났을까, 그녀 집에서 열리는 티타임에 초대받았다. 조이스가 적어 준 주소를 보며 그녀 집을 처음 찾았을 때 나는 집 앞에 적혀진 주소를 보며 이 집이 맞나 의아해하며 선뜻 벨을 눌리지 못하고 머뭇거렸다.

조이스는 예쁘장한 얼굴에 운동할 때에도 세련된 차림이긴 했지만 나는 그녀가 어떤 집에 살고 있는지는 한 번도 생각해 본적이 없었다. 집 밖에서 그녀에게 전화를 한 뒤 그 집이 맞는다는 것을 확인하고 차에서 내리자 집의 대문이 열렸다.

집 안에 들어서자 조이스 특유의 싱글리쉬가 들렸다. 바람이 차다고 어서 빨리 들어오란다. 집 안은 밖에서 보던 것보다 훨씬 고풍스러웠다. 거실의 높은 천장과 그녀의 그랜드 피아노, 벽에 걸린 미술 작품과 도자기, 벽면을 가득 채운 DVD와 오래된 LC판, 집 안의 분위기를 한층 더해주는 고가구. 2층에는 두 딸들을 위한 공주풍의 방, 락스타를 좋아하는 아들 방, 안락한 손님용 침실, 그리고 그녀의 드레스 룸은 외국 잡지에서나 보던 그런 집이었다.

한국에 비하여 땅값이 저렴한 편이긴 하지만 이런 집에 살면서 10달러짜리 맛집을 찾아다니고 회비가 저렴한 동네 YMCA에 운동하러 온다는 것이 이상할 정도였다. 그녀의 손에 이끌려 집 안을 둘러보고 있는 나를 조이스가 이번에는 밖으로 잡아끌었다. 심은 지 최소한 백 년은 된 듯한 탄탄하고 굵은 나무들. 흙 내음이 제대로 나는 길 사이에 흐드러지게 핀 이름 모를 큼지막한 꽃, 그리고 그 사이를 소리 없이 촉촉이 적셔주며 지나가는 크라이스트처치 에이본(Avon) 강의 물줄기. 정원이 아니라 숲 속에 온 듯한 착각마저 들게 했다.

큰 나무 뒤 사이에는 살짝 숨겨 놓은 듯한 쌍둥이 딸들을 위한 중국풍의 자그마한 오두막도 있었다. 집의 규모야 그렇다 치고 집 안의 싱가포르에서 가져온 그녀가 아끼는 가구들과 직접 그린 많은 그림들은 그녀의 내면세계를 슬쩍 들여다 볼 수 있는 창과 같았다.

감탄을 하는 사이 함께하기로 한 싱가포르 앤티들이 속속 도착했다. 그녀가 주최하는 티타임에 초대받았지만 아무도 빈손으로는 오지 않았다. 직접 구운 쿠키, 캄보디아 빵집에서 주문한 타르트, 그녀가 즐겨 마시는 중국차, 신문지에 멋스럽게 말려져 있는 봉오리가 막 피려 하는 꽃들. 거창하게 포장된 비싼 물건들은 아니었지만 가져온 사람들의 정성이 묻어나는 특별한 것들이었다. 나도 한국 마트에서 전병을 사간 것이 다행이었다. 우리는 조이스가 구운 폰당케이크와 차, 그리고 나머지 사람들이 조금씩 들고 온 쿠키와 케이크를 맛보며 신나게 이야기꽃을 피웠다.

먹으며 하는 이야기라 그날의 주제는 주로 음식(Food)에 관한 것이었는데 다들 한국 드라마 팬인지라 드라마에 나오는 한국 음식을 계속 물어보았다. 특히 '대장금'에 나오는 음식들은 거의 대부분 꿰고 있었다. 그런데 내가 뭘 알아야 대답을 해 줄 텐데 그 드라마를 안 봐도 누구나 대답할 수 있는 수준으로 대충 이야기하자 이야기를 듣던 도중 한 명이 물었다.

S1 : "가만 있어봐, Youn. 너 김치 만들 줄 알아?"

나 : (너무나 당연하게) "아니요. 모르지요."

S2 : "그럼 김치 안 먹어?"

나 : "먹어요."

S3 : "못 만든다며, 어떻게 먹어?"

나 : "꼭 내가 만들어야 먹나? 번호만 누르면 돼요. 홈쇼핑. 아니면 우리 엄마."

나머지 S : (박장대소하며) "에이아, Youn! You are not a Korean. 한국 드라마 보면 결혼한 새댁들은 찌개 팍팍 끓여 오던데 넌 어째 우리보다도 모르냐? 차라리 한국 가기 전까지 우리한테 한국 음식 좀 배워 가라.

나 : "진짜? 정말 나 가르쳐 주는 거예요?"

S : (깊은 한숨) "아니다. 그냥 가끔 만들어줄게, 먹다만 가라. 너 가르쳐 주려면 우리가 더 늙겠다."

나 : "아, 뭐예요! 좋다 말았잖아요. 이참에 요리 좀 배워보려 했는데."

그 후 몇 주 뒤, 나의 요리 실력을 걱정하는 그녀들의 손에 이끌려 지역 커뮤니티에서 주최하는 쿠킹 클래스에 나가기 시작했다. 버터와 슈거가 듬뿍 들어간 쿠키, 스콘, 케이크 등 티타임을 위한 베이커리 강좌였으므로 그곳에 나가는 동안 매주 늘어가는 몸무게에 말 못 할 고민에 빠지기도 하였다. 가기 전에는 오늘은 수업만 받고 딱 한 개만 먹어야지 하고 굳은 결심을 하고 가는데 그게 마음대로 되지 않았다. 손으로 만들어서 방금 나온 노릇노릇 따뜻한 쿠키 맛이 어떤 건지 한번 빠져 본 사람은 안다.

따끈한 쿠키보다도 더 중독성이 강하게 나를 잡아끌었던 60이라는 숫자에 가까운 그녀들. 그녀들의 즐거운 인생에 초대받아서 많은 점을 배운 나도 언젠가는 따뜻한 쿠키를 무료로 나누어 줄 수 있는 멋진 사람이 되기를 바란다.

열공 남아공 맘 : 《자녀 교육, 엄청 중요하지》 

오클랜드에서 생활한 지 좀 되었을 무렵 J가 토요일 오후 늦게 집 근처 중국어 교실(Chinese Class)에 가기 시작했다. 내가 중국어 선생님에게 볼 일이 있어 그녀의 집을 방문을 했는데 함께 간 J는 마침 그곳에서 공부하고 있는 아이들을 발견하고 주변을 맴돌더니 그들 옆에 의자를 놓고 앉아 자기도 같이 하겠단다. J는 뭐든 새로운 것을 배우는 것을 좋아 한다. 언어에도 관심이 많아서 다행이다.

문제는 토요일이라는 점이었다. 이곳에 나가게 되면 금요일에 출발해야 하는 주말여행에 차질이 생겨 버리니 처음에는 시켜야 하나 말아야 하나 고민했었다. 그러나 우리의 NZ 생활이 종반부를 찍어가는 마무리 단계였고 J가 영어와는 또 다른 중국어를 배워보고 싶다니 굳이 마다할 이유가 없었다. J를 데려다 주며 나는 이곳에서 루이자를 만났다.

나도 주중에 이곳에 와서 과외를 받으므로 J를 픽업한다는 구실 아래 교실 뒤의 뒤편 소파에 앉아 책을 무릎에 펴 놓고 귀는 중국어 선생님 쪽으로 쫑긋 세우고 유심히 들었다. 이른바 청강 수업이었다. 이곳에 오는 아이들은 엄마가 중국인인 아이가 대부분인데 그러다 보니 그냥 취미로 배우는 J와는 수준 차이가 확실히 났다. 엄마의 모국어는 아이의 언어에 절대적 영향을 미치기 때문이다. 그래도 J는 그 틈에 끼어서 중국어를 따라 하는 것이 재미있다고 했다.

그런데 이곳에 엄마와 딸이 함께 온다. 갈 때마다 모녀로 보이는 여자 아이와 중년의 여자가 J 옆에 나란히 앉아서 함께 수업을 받으니 이 사람들이 너무나 궁금해지는 것이다. 더욱이 이 모녀의 생김새는 영락없는 중국인인데 이들은 왜 중국어를 배울까? 궁금하면 답은 간단하다. 가서 물어보면 된다. 국적은 뭐고 대체 왜 중국어를 배우는지.

먼저 J 수업을 몇 주 동안 유심히 들여다보며 정체불명의 이 엄마와 안면을 익혔다. 가만히 보니 이 엄마는 영어가 모국어인 듯했다. 약간 동양적인 억양은 있었지만 이민 와서 늦게 배운 언어는 확실히 아니었다. 게다가 수업 때에도 컴퓨터 화면이 잘 보이도록 J의 의자를 돌려주거나 읽고 있는 부분을 손가락으로 짚어 주는 등 무의식적인으로 나오는 동작은 그냥 집에 있는 엄마는 아니었다. 그래서 더 궁금해졌다. 당장 가서 묻고 싶은 것을 참고 공부가 끝날 때까지 기다렸다.

한 시간 공부가 끝난 뒤 J와 C는 놀이터에서 좀 놀게 하고 그녀와의 인터뷰를 시작했다. 그녀의 이름은 루이자. 남아프리카공화국 출신의 Tesol(외국어로 영어를 배우는 사람들을 위한) 교사란다. 정확히 말하면 광동어를 쓰는 중국인 부모가 남아공에 정착을 했으며 그녀는 거기서 태어나고 자랐다. 남아공에서 남편을 만나 결혼하고 그 둘은 다시 뉴질랜드로 이민을 왔다고 했다.

그래서 중국인인데도 불구하고 북경어를 다시 배우고 있었구나. 그녀의 남편도 중국 사람이지만 남편이 중국어보다 영어를 편하게 사용하기 때문에 부부 사이의 언어는 영어란다. 그러니까 외모는 모두 다 중국인인데 식구들의 공통 언어는 영어였다.

북경어를 배우러 오는 이유는 뉴질랜드에 오니 많은 중국인들이 북경어를 쓰고 있고 딸아이가 광동어보다 북경어에 관심이 많아서 배우기를 원했다고 한다. 아이를 가르치려면 엄마가 먼저 배우는 것이 유리하다고 생각하므로 자신도 배우고 장기적으로 아이의 공부도 확인하며 도와줄 겸 함께 와서 배운다고 했다.

우리는 같은 직종에 있다는 이유 하나만으로(사실 그것 하나만으로도 대화가 충분히 된다) 그 후로 만날 때마다 언어 교육에 관한 많은 이야기를 나누었다. 루이자는 인근 학교에서 외국인들을 대상으로 영어를 가르치고 있었는데 특히 한국에서 온 중년 여성들을 가르친 경험이 많다고 했다. 그에 관하여 그녀를 이렇게 말했다.

"한국 사람들, 특히 아줌마들은 처음 대화의 시작이 'I can't speak English.'야. 이미 영어로 말하면서 왜 굳이 그 말을 첫 만남에 하는지 모르겠어. 처음에는 처음 만났던 그 사람만 그러는 줄 알았는데 만나는 사람마다 대부분 그 말을 꼭 하더라. 난 처음에 한국 영어 교과서에 필수 구문처럼 그 말이 꼭 나오는 줄 알았어."

필수 구문이라는 말이 웃겨서 우리 둘은 한참 웃었다. 루이자는 그 '필수 구문'을 좀 더 자신감을 나타내 주는 표현으로 바꾸었으면 좋겠다고 했다. 듣고 보니 일리가 있었다. 뭐로 바꾸면 좋을까. 우리는 생각을 좀 해서 그 필수 구문을 바꾸는 선구자가 되어 봐야겠다고 농담을 주고받았다.

딸아이 미카엘라의 학업에도 관심이 많은 루이자는 공부란 습관과 본인의 의지가 가장 중요하고 열 살이 넘어간 아이는 이미 부모의 손을 떠나 본인의 학습 열의에 따라 그 결과가 나타난다고 말했다. 많이 듣던 말이었다. 우리가 항상 하는 말이다. 그리고 뉴질랜드 교육 방식에 대하여 비판적인 말도 아끼지 않았다. 자유롭게 공부하고 운동하는 것은 좋지만 그렇지 못한 아이들도 많다는 것을 지나치게 간과한다는 것이다. 즉, 아직 부모와 교사의 도움이 필요한 아이들도 많은데 정작 밖으로 비추어진 뉴질랜드 공교육의 모습은 모든 아이들이 아름다운 자연 아래서 뛰어 놀며 운동과 공부의 완벽한 조화 속에서 혜택을 누리고 있는 것처럼 비추어질 때 답답하다고 했다.

"나는 교육이 가장 중요하다고 생각해. 그중 가정교육. 아이들은 그냥 저절로 만들어지지 않잖아. 특히 저학년 아이들은 집에서 잘 가르쳐서 학교에 보낸 아이와 그냥 혼자 알아서 하도록 내버려 두는 아이와의 차이점은 분명히 나타나. 도서관에서 책만 읽어 주는 것도 중요하지만 학교에서 무엇을 배웠는지 부모가 자세히 들여다보고 또 도움이 필요하면 도와줘야지."

뉴질랜드에 와서 이 나라 아이들은 축복받은 아이들이라고 말하는 것만 들었는데 그렇지 않은 아이들도 많다고, 그것을 바로잡아 주어야 한다고 따끔하게 말하는 사람이 있으니 고개가 끄떡여졌다.

루이자는 한국식 교육 방식에도 긍정적인 반응을 보였다.

"여기에서 공부 잘하는 최상위권 아이들을 보면 키위 아이들보다 중국, 인도, 한국 아이들이 많잖아. 한국에서는 아이들을 지나치게 푸쉬(push)하는 한국 교육 방식이 비난받고 있지만 아이들 공부를 푸쉬한다는 것은 좋은 쪽에서 보면 공부에 관심이 많다는 말이잖아. 지나친 건 당연히 안 좋지만 나는 설렁설렁 노는 키위들보다 열심히 공부하는 동양인들이 자랑스러워. 음, 한쪽으로 치우치지 않은 교육의 밸런스를 유지하는 것이 가장 좋은데 말이지."

좋은 지적이었다. 한쪽으로 치우치지 않은 적절함의 조화. 공부든 뭐든 그 적절함을 유지하고 실천하는 것만큼 어려운 것이 없다. 또한 적절함의 기준이 무엇인지 딱 한마디로 정의하기도 쉽지 않다.

촉촉한 봄비에 어둑어둑해진 저녁, 중국어 수업이 끝난 후 집으로 가는 길을 서두르며 루이자가 한마디 덧붙였다.

"아무튼 내 자식 교육시키는 것처럼 어려운 게 없어. 하나 해결하면 또 다른 문제가 나오고……. 우리 엄마가 내가 남아공 떠나올 때 이렇게 말하셨어. 좀 더 나은 생활을 위해서 뉴질랜드로 간다고 하니까 거기 가기만 하면 생각처럼 모든 게 그냥 해결되는 게 아니라고."

그래, 맞다. 그 이야기는. 우리 엄마도 그렇게 말하셨다. 걱정거리 한 가지 덜면 또 다른 하나가 나온다고. 그리고 그게 인생이라고. 루이자가 엄마 이야기를 꺼내니 나도 갑자기 한국에 계신 엄마가 보고 싶어졌다. 엄마와 수다도 길게 한판 싶다. 여기는 청명한 봄날인데 한국에서 엄마는 지금 뭐 하고 계실까.

엄마, 오랜만에 딸이랑 커피 한 잔 마시고 싶지 않으세요?
조금만 기다리세요, 곧 갑니다.

타이거 차이나 맘 : 《엄마는 강하다》

우리 집에 새로운 쉐어메이트(Share Mate)가 들어왔다. 살짝 까무잡잡한 피부에 세련된 분위기의 중국 중년 여성과 속눈썹이 길고 동그란 눈을 가진 7살짜리 귀여운 여자 아이이다. 엄마의 이름은 도렌. 중국 광저우 출신이다. 그녀의 딸 제니퍼는 뉴질랜드에서 태어나 이곳 영주권자다. 중국에 큰아들이 있는 도렌은 중국의 한 자녀 정책으로 아이 낳기가 어려워지자 아이를 포기하지 않고 여기 뉴질랜드까지 와서 딸 제니퍼를 낳았다.

제니퍼가 태어날 당시에는 여기서 낳은 아이는 부모의 국적에 상관없이 영주권을 주었는데 이른바 '원정 출산'이 이어지자 뉴질랜드 정부에서 봉쇄하여 이제는 아이에게 영주권을 주는 제도가 없어졌다고 한다. 그 때문에 당시 영주권을 얻을 수 있었던 제니퍼는 무료로 학교를 다니며 지낼 수 있지만 뉴질랜드의 영주권자가 아닌 제니퍼의 엄마는 계속 지낼 수 없으므로 일정 기간만큼만 체류할 수 있는 방문 비자를 연장하며 중국과 뉴질랜드를 왔다 갔다 하다가 최근에 요리 학교에 등록하여 아예 학생 비자를 받아 이곳에 거주하며 딸을 키우고 있었다.

내가 대학 시절 호주에서 체류할 당시 동양인 대부분은 어학연수를 온 일본 학생들이나 한국 학생이 대부분이었는데 중국이 문을 연 후 지금은 한국, 일본 및 다른 아시아 어느 나라를 합쳐 놓아도 중국인의 숫자는 당해 내지 못한다. 그렇다 보니 여기 키위들도 중국어 인사 한두 마디는 대부분 알고 있으며 동양인만 보면 국적을 묻지 않고 일단 중국어 인사로 시작하는 경우가 허다하다. 오죽하면 내가 여기 와서 배운 말이 "워스한구어런(저 한국 사람이에요)"일까. 심지어 중국 사람들까지도 나를 중국인으로 보고 아무리 애절한 눈빛으로 "워스한구어런"을 외쳐도 중국어를 쏟아내니 그 덕분에 나도 중국어 초보자용 책을 들고 다니며 중국어 공부를 시작했다. 그런데 새로 오는 쉐어메이트가 중국 사람이라니 그렇게 반가울 수가 없었다. 중국어 연습 상대가 생겼다고 내심 좋아했다.

그러나 반가움도 잠시였다. 비싼 돈을 내고 학원 다니며 영어를 악착같이 배우고 있는 그녀는 중국어는 사용하지 않고 그녀의 영어 연습 상대 찾기에 필사적이니 내가 기대한 중국어를 듣기가 쉽지 않았다. 가끔 영어로 의사소통이 어려울 때 무의식적으로 나오는 그녀의 중국어에 만족해야 했다.

그러나 방 안에서 그녀의 딸에게 중국어를 가르치는 목소리는 아주 카랑 카랑했다. 겉으로는 평범한 아줌마처럼 보이지만 중국어를 가르칠 때는 아주 엄한 '타이거 맘'으로 돌변했다.

딸 제니퍼는 학교에서 돌아온 뒤 엄마가 내준 중국어 숙제와 수학문제(직접 공책에 연산 문제를 내 놓고 간다)를 푸느라 정신이 없었다. 엄마가 학교에서 돌아온 뒤 모녀는 중국식으로 저녁 식사를 한 뒤 다시 방 안에서 '중국어 받아쓰기'삼매경에 빠진다. 주말이면 피아노 레슨과 인근 학교에서 열리는 주말 중국어 교실에도 가야 한다. 제니퍼는 학교에서 돌아와 엄마가 집에 없어도 엄마가 내 놓은 과제를 차분하게 해 놓았다. 엄마도 아이도 남의 나라에 살면서 보통 사람들이 하는 것보다 더 열심히 해야 겨우 따라간다는 것을 이미 알고 있었다.

도렌은 다른 사람을 공격하며 싸우는 기술보다 어려움을 헤치고 살아남는 기술을 가르치는 진정한 타이거 맘이 되고 싶다고 했다.

차이나 타이거 맘, 도렌. 그녀와 제니퍼가 이곳에서 오뚝이처럼 잘 버텨서 나중에 둘이 손잡고 웃으며 고국으로 돌아가는 그날을 기대한다.

도렌, 당신이 만들어 준 중국 만두 '덤블링'은 정말 맛있었어요.

다시 만나는 그날까지 우리 엄마들, 모두 힘냅시다.